29,80

neu**kirche**ner

Hannelis Schulte

Dennoch gingen sie aufrecht

Frauengestalten im Alten Testament

Neukirchener

© 1995
Neukirchener Verlag des Erziehungsvereins GmbH
Neukirchen-Vluyn
Alle Rechte vorbehalten
Umschlaggestaltung: Hartmut Namislow
Umschlagabbildung: Filippino Lippi, Esther at the Palace Gate
© EMB-Service, CH – Luzern
Gesamtherstellung: Breklumer Druckerei Manfred Siegel KG
Printed in Germany
ISBN 3–7887–1516–2

Die Deutsche Bibliothek – CIP-Einheitsaufnahme

Schulte, Hannelis:
Dennoch gingen sie aufrecht: Frauengestalten im Alten
Testament / Hannelis Schulte. – Neukirchen-Vluyn:
Neukirchener, 1995
  ISBN 3–7887–1516–2

Meiner Mutter
Hildegard Schulte
* 9.12.1894   † 17.5.1981

Vorwort

Wer kennt schon das Alte Testament? Jahrhundertelang haben es die Christen nur als Weissagung auf Jesus hin gelesen und kaum in seinem eigenen Wert erkannt. Erst die historisch-kritische Forschung hat es uns ermöglicht, die Texte zu unterscheiden, sie verschiedenen Verfassern bzw. Schulen zuzuweisen und sie dementsprechend in die Geschichte Israels einzuordnen. Dadurch ist der ursprüngliche Charakter der Schriften zutage getreten.
Es ist die Aufgabe der alttestamentlichen Wissenschaft, die Hebräische Bibel verstehbar und in ihrer Bedeutung für uns heutige Menschen erkennbar zu machen. Ein Zugangsweg könnte über die Frauengestalten des alten Israel führen, wie sie dieses Buch vorzustellen versucht. Damit greift es zugleich in die Diskussion über das »Matriarchat« ein.
Das Buch ist so geschrieben, daß es jeder ›Laie‹ lesen kann, doch wird in den Fußnoten zugleich die wissenschaftliche Diskussion geführt. Diese geht ständig weiter, so daß ein Buch nur eine Momentaufnahme darstellen kann und dadurch eine gewisse Vorläufigkeit hat. Doch hoffe ich, die Diskussion auch ein wenig gefördert zu haben.
Danken möchte ich allen meinen Kolleginnen und Kollegen, Studentinnen und Studenten, die meine Erkenntnis bereichert haben.
Ebenso gilt mein Dank dem Neukirchener Verlag, besonders Herrn Dr. Volker Hampel, der dieses Buch mit großer Umsicht verlegerisch betreute, sowie Frau Eva Durak-Steinmann für die Geduld, mit der sie das nicht leicht lesbare Manuskript per Computer erfaßte.
Zum Schluß eine Bitte an die Leser dieses Buches: Legen Sie doch die Bibel daneben und lesen Sie jeweils die Erzählung, von der der betreffende Abschnitt handelt. Sie werden mehr davon haben.

Heidelberg, im Januar 1995   Hannelis Schulte

Inhalt

Vorwort 7

I
Wir machen uns auf den Weg 13

1. Wir verständigen uns über einige Begriffe 14
2. Was verstehen wir unter der matrilinearen Familienstruktur? 15
   a) Die matrilineare Familie 15
   b) Die Matrilokalität 17
   c) Das »Erbrecht« 17
3. »... und er soll dein Herr sein!« 18
4. Matrilinear versus patrilinear 20
   a) Von der Sammlergesellschaft zum Fruchtanbau 20
   b) Die Unterwerfung der Frau 22
   c) Warum haben die Männer gesiegt? 23
5. Die unterschiedlichen Ausprägungen des Patriarchats 26
   a) Die Stellung der Frau im Vorderen Orient und im Mittelmeerraum 26
   b) Die Stellung der Frau im kanaanäischen Raum und im Alten Testament 28

II
Frauen in der Patriarchenzeit 30

1. Wir begegnen Sara und Hagar 30
   a) Abraham und Sara in Ägypten 30
   b) Sara lacht im Zelt 33
   c) Hagars Vertreibung – die erste Version 36
   d) Hagars Vertreibung – die zweite Version 40
2. Lots Töchter schlafen mit ihrem Vater 42

Exkurs: Zu den Ausdrücken für den Geschlechtsverkehr im Hebräischen 43

3. Ribka (Rebekka) und ihre Zwillinge 48
a) Eine erfolgreiche Reise 48
b) Die Geburt der Zwillinge 49
Exkurs: *'tr* (»beten«, »beschwören«) 50
c) Der Segen für den Lieblingssohn 51

4. Rahel und Lea oder: »Die Sorgen eines Patriarchen« 53
a) Die Hirtin am Brunnen 53
Exkurs: Die Zeit des Erzählten und die Zeit des Erzählers 54
b) Die untergeschobene Braut 55
c) Der Kampf um die Kinder 56
d) Die aufmüpfigen Töchter 58
e) Der gestohlene Teraphim 60

5. Männergewalt: Dina 61

6. Frauenlist: Tamar 63

III
Wie übersetzen wir die hebräischen Wörter *zônā* und *pilaegaeš*? 66

1. Die Qadeše im Alten Orient 67

2. Dennoch »Kultprostitution« als Initiationsritus? 69

3. Vier Geschichten, die von der *zônā* handeln .. 72
a) Jericho: Rahab nimmt Fremde in ihr Haus auf 72
b) Gilead: Ist Jiptahs Mutter eine »Hure«? 72
c) Jerusalem: Zwei Frauen kommen zu König Salomo 73
d) Enajim: War Tamar eine Hure? 74

4. Wie verhalten sich die *qᵉdēšā* und die *zônā* zueinander? 75

5. Wie übersetzen wir das hebräische Wort *pilaegaeš*? 76
a) Das Vorkommen im Plural 77
b) Die Nebenfrau und die Ehefrau 77
c) *pilaegaeš* in bezug auf eine bestimmte Frau ... 78

Inhalt

IV
Welchen Anteil hatten die Frauen im alten Israel am Kult? 80

1. Anmerkungen zur Geschichte des Kultes 80
2. Prophetinnen im Alten Testament: Hulda, Jesajas Frau, Debora, Mirjam, Zippora 81
   - a) Hulda 82
   - b) Jesajas Frau 82
   - c) Debora 82
   - d) Mirjam 83
   - e) Zippora 85
3. Die Totenbeschwörerin von En-Dor 89
4. Welche Antwort haben wir auf die Frage »Frau und Kult« im alten Israel gefunden? 90

V
Frauen in der Richterzeit 92

1. Debora – eine »Mutter in Israel« 92
   - a) Der Prosabericht 92
   - b) Das Deboralied 94
2. Jael oder: Das gebrochene Gastrecht (Ri 4–5) 96
3. Simsons Mutter oder: Wer behält den kühlen Kopf? 98

VI
Frauen auf und neben dem Königsthron (1. Teil) .. 101

1. Rizpa – die Antigone des Alten Testaments ... 101
2. Abigail oder: Der Kampf um den Racheverzicht .. 104
   - a) Die Vorstellung 105
   - b) Die 1. Szene: Davids Botschaft an Nabal 105
   - c) Die 2. Szene: Abigail erfährt den Vorgang und handelt 106
   - d) Die 3. Szene: Abigail und David 107
   - e) Der Abschluß: Nabals Tod; David heiratet Abigail 108

Exkurs: Racheverzicht und Königsrecht 109

3. Mikal oder: Die Tragödie einer Königin 112

a) Mikal liebt David 112
b) Mikals Rückkehr zu David 114
c) Mikal verachtet David 117

4. Batšeba – Ehebrecherin und Königinmutter .. 119
a) Die Ehebrecherin 119
b) Die Königinmutter 120
Exkurs: Die Königinmutter im Alten Orient 121
c) Tamar – die Prinzessin 125

VII
Frauen auf und neben dem Königsthron (2. Teil) .. 127

1. Die Familie Davids 127
a) Davids Eltern 127
b) Davids Schwestern 131

VIII
Frauen auf und neben dem Königsthron (3. Teil) .. 134

1. Die Königin von Šaba 134

2. Ma'aka – die abgesetzte Gebira 135

3. Isebel oder: Wer war sie wirklich? 136
a) Name und Abstammung 136
b) Isebel und Ahab 137
c) Isebel und Elijahu 139
d) Nabots Weinberg 140
e) Der Militärputsch Jehus 142
f) Isebels Ende 145
g) Zusammenfassung 145

4. Atalja 146
a) Ataljas Verwandtschaft 146
b) Juda und Israel um die Mitte des 9. Jh.s v.Chr. 147
c) Der Mord an den Königskindern 148
d) Ataljas politische Ziele 148

5. Wašti und Ester 150
a) Wašti oder: Die Würde einer Frau 150
b) Ester oder: Wie beherrsche ich einen König? 152

Schlußwort 154

Literatur 156

I

Wir machen uns auf den Weg

Zwei Sätze vom Anfang der Bibel, aus der Urgeschichte des Alten Testaments, seien einander gegenübergestellt: »Deswegen verläßt der Mann seinen Vater und seine Mutter und hängt an seiner Frau; und sie werden ein Fleisch sein« und: »Zu dem Mann hin geht dein Verlangen, und er wird über dich herrschen«[1].

In dem ersten Satz geht die Bewegung des Mannes zur Frau hin. Je nachdem, was hier unter »Fleisch« zu verstehen ist, bedeutet die Einheit der beiden die Aufnahme des Mannes in die Sippe der Frau oder die Begründung der Kleinfamilie oder die körperliche Vereinigung[2]. Auf jeden Fall wurde die Frau geschaffen, um den Mann aus seiner Einsamkeit zu befreien und ihm eine Hilfe zu sein, ja einen Schutz zu geben[3].

In dem zweiten Satz geht die Bewegung der Frau zum Mann hin und ist mit ihrer Unterwerfung verbunden. Bewußt oder unbewußt hat der Erzähler[4] also zwei Familienstrukturen einander gegenübergestellt, die *matrilineare* und die *patrilineare*, wobei die zweite für die Frau eine Verschlechterung darstellt. Bei der matrilinearen Familienstruktur kommt der Mann zur Frau, in der patrilinearen hingegen holt der Mann die Frau zu sich. Es ist unbestreitbar, daß sich im Alten Orient in den Zeiten, die uns durch Geschichtsquellen von mancherlei Art zugänglich sind, die patrilineare Familienstruktur im großen und ganzen durchgesetzt hat. Dennoch gibt es Hinweise darauf, daß dies nicht immer so war,

---

1 Gen 2,24; 3,16.
2 *A.F.L. Beeston*, One Flesh, 115–117; *F. Crüsemann*, Herr, 60; *C. Westermann*, Genesis 1–11, 316.
3 Gen 2,18. Zur Bedeutung von »Hilfe« im Sinne von »Schutz« vgl. *R. Kessler*, Frau, 120–126.
4 Sollten Gen 2,4bff und 3 nicht von demselben Erzähler stammen, wäre hier besser von dem Redaktor zu sprechen, der beide Kapitel zusammenfügte.

daß zeitweise beide Strukturen nebeneinander bestanden, wenn nicht sogar in der Frühzeit die matrilineare Familie vorherrschte.
Weil die Frage nach diesen beiden Familienstrukturen den Hintergrund bilden wird, vor dem die Frauengestalten des Alten Testaments vor uns hintreten werden, müssen wir uns mit einigen der dafür wichtigen soziologischen Begriffen vertraut machen.

1. Wir verständigen uns über einige Begriffe

Dazu ist es ratsam, einen kurzen Blick in die Forschungsgeschichte zu werfen. Der Begriff *Mutterrecht* taucht in der neueren Literatur zum ersten Mal 1861 auf, als Johann Jakob Bachofens Buch »Das Mutterrecht« erschien. Darin unternahm Bachofen den Versuch, aufgrund der Zeugnisse antiker Schriftsteller wie Herodot und Plutarch einen Zustand der Menschheit zu beschreiben, der vor dem dann folgenden Zeitalter der Männerherrschaft lag. Was er an Angaben über die Vorrangstellung der Frau bei den Lykiern, Kretern und Ägyptern entdeckt und zusammengestellt hat, soll für die gesamte Menschheit gelten, wofür er auch Belege aus Indien und anderen Ländern gefunden hat. Von jener Zeit der »Gynaikokratie« (»Frauenherrschaft«), wie er sie nennt, spricht er mit großer Achtung, ja Sympathie. Dennoch ist für ihn deren Ablösung durch die Männerherrschaft eindeutig ein Fortschritt in der Entwicklung der Menschheit, der Sieg des Logos über die Physis, des Geistes über die Natur.
Dieses Buch Bachofens – wiewohl geschmäht, angegriffen und teilweise widerlegt – setzte den Anfang einer ganz neuen Forschungsrichtung und wirkte in jedem Fall bahnbrechend. Hatte Bachofen sich auf literarische Zeugnisse aus der Antike gestützt, so nahmen sich nun die Ethnologen der Sache an und trugen erstaunliches neues Material zusammen. Sie wiesen nach, daß sich mutterrechtliche Strukturen bei manchen Völkern bis heute gehalten haben. Bereits 1827 hatte Joseph Francois Lafitau »Die Sitten der amerikanischen Wilden im Vergleich zu den Sitten der Frühzeit« beschrieben, nachdem er die Sozialstruktur der Irokesen erforscht hatte. Seine Beobachtungen wurden von Henry L.

Morgan weitergeführt, der 1877 die »Ancient Society« beschrieb. Dazu kamen die Werke von John Mc Lennan und Meyer Fortes[5]. Aufgrund der Arbeiten von Bachofen und Morgan untersuchte Friedrich Engels den »Ursprung der Familie, des Privateigentums und des Staates« (1884). Doch schon 1874 hatte August Bebel mit seinem Buch über »Die Frau und der Sozialismus« diese neue Sicht der Frauenfrage für die sozialistische Bewegung aufgeschlossen.

Mutterrecht oder *Matriarchat*, so sagen die Soziologen, ist jedoch ein problematischer und eher irreführender Begriff für die zu verhandelnden Probleme. Denn wir müssen unterscheiden zwischen der Frage nach der *Herrschaftsstellung* der Frau – dafür steht »Matriarchat« – und der Frage nach den *Familienstrukturen*.

Eine dominierende Stellung kann die Frau – oder können einzelne Frauen – auch in patrilinearen Familienstrukturen einnehmen, wie umgekehrt auch in matrilinearen die Männer das Sagen haben können. Von der *Gynaikokratie* oder dem *Matriarchat* sollten wir also nur dann sprechen, wenn eine Struktur vorliegt, in der die Frauen das öffentliche Leben beherrschen, die entsprechenden Ämter innehaben und möglicherweise – wie bei den Amazonen – auch das Gemeinwesen verteidigen.

2. Was verstehen wir unter der matrilinearen Familienstruktur?

a) Die matrilineare Familie

Wir nennen eine Familie matrilinear, wenn die Familienkontinuität von der Mutter über die Tochter zu der Enkelin geht, nicht vom Vater über den Sohn zum Enkel. Solche Strukturen lassen sich in der Frühzeit fast überall auf der Welt nachweisen. Dabei gingen die Menschen von der einfachen Tatsache aus, daß die Kinder zur Mutter gehören. Bis in die Neuzeit hinein haben manche Völker z.B. in Indonesien gar nicht gewußt, daß die Männer etwas mit dem Kinderkriegen zu tun haben. Das Kind kann ja auch dadurch entstanden sein, daß ein Geist in die Frau hineinge-

---

5 *J. Mc Lennan*, Studies; *Meyer Fortes*, Kinship.

fahren ist. Allenfalls, so denken sie, hat der Mann durch den Geschlechtsakt diesem Geist den Weg geöffnet.

Die Mutter bildet also mit ihren Kindern die Familie. Die Tochter hat nicht – wie bei uns – vier Großeltern, sondern nur eine Großmutter: die Mutter der Mutter. Doch zur Familie gehören auch die Brüder und Schwestern der Mutter und die Nachkommen der Schwestern. Die Brüder in der jeweiligen Generation sind zwar sehr nützlich für Jagd und Fischfang, für Holzsammeln und Beschützen, aber sie bilden in der Familienstruktur nur Ornamente, denn sie haben keine Nachkommen in der Familie. Die Kinder, die sie erzeugen, gehören zu jenem anderen Zweig der Großsippe, des Stammes oder gar zu einem fremden Verband, zu dessen Frauen sie hingegangen sind.

Die Töchter einer solchen Familie bekommen, wenn sie geschlechtsreif sind, ihr eigenes Zelt oder Haus oder Abteil im Großhaus, wo sie nach eigener Entscheidung Männer empfangen können. Von diesen wird erwartet, daß sie ein Geschenk mitbringen. Von dem entsprechenden semitischen Wort für »Geschenk« ($ṣādōq$) wird der Name dieser Eheform abgeleitet: die *Zadiqa-Ehe*. Wir dürfen das nicht mit der Bezahlung einer Prostituierten verwechseln, obwohl sich die Vorgänge gleichen. Denn weder ist die Frau auf dieses Geschenk angewiesen, hat sie doch ihre soziale Sicherheit in ihrer Familie, noch gibt sie sich dem Mann wegen des Geschenks hin. Wenn sie ihn satt hat, schickt sie ihn fort.

Bei dem arabischen Stamm der Jahiliya gab es in vorislamischer Zeit die Sitte, daß die Frau ihr Zelt mit dem Eingang nach hinten aufschlug. Dann verstand der Mann: Ich bin nicht mehr willkommen[6].

Geht nun ein Mann über längere Zeit zu einer der Töchter, dann erwartet die Familie, daß er sich an ihrem Leben beteiligt: anfallende Arbeiten erledigt, mit auf die Jagd geht, im Kriegsfall mitkämpft usw. Der Mann hat jetzt doppelte Verpflichtungen: in der Familie seiner Frau und ebenso in der eigenen Familie, wo die Schwestern seinen Schutz, seine Arbeitskraft, seine Fertigkeiten benötigen. Er ist Mann und Bruder, auch Onkel, aber niemals Vater. Man nennt diese vaterlose Familie eine *agnatische* im Unterschied zu

---

6   W.R. *Smith*, Kinship, 65.

der *kognatischen*, in der die Vaterschaft beachtet wird, man also vier Großeltern hat.

b) Die Matrilokalität

In der von uns angenommenen Familie leben die Frauen alle zusammen, während die Brüder aller Generationen zu ihren Frauen fortgehen – mal weiter, mal weniger weit. Der Mann geht zur Frau hin, während sie in der Geborgenheit ihrer mütterlichen Familie bleibt. Daß ihr dies viele Vorteile bringt, besonders wenn sie ihre Kinder bekommt und diese ernährt und erzieht, liegt auf der Hand. Und da die Frau die Schutzbedürftigere ist, wäre dies also für alle Zeiten die natürliche Ordnung gewesen.
Doch wollten die Männer nicht immer hin und her pendeln, so daß sie oft versuchten, ihre Frau zu sich zu holen. So finden sich Familienstrukturen, wo zwar die *Matrilinearität* in voller Geltung steht, die *Matrilokalität* jedoch aufgegeben wird. Deshalb hat man in der Ethnologie den Begriff der *Matrifokalität* eingeführt, der besagt, daß matrilineare Familienstruktur und Matrilokalität zusammenfallen[7].
Noch einen weiteren Begriff möchte ich hier einführen: Wenn die matrifokale Ehe zu einem Verhältnis auf Dauer wird, zu einer exklusiven Zweierbeziehung, spricht man von der *Beena-Ehe*, ein Wort, das aus der Sprache Sri Lankas kommt. Die Übergänge zwischen der Zadiqa-Ehe und der Beena-Ehe sind fließend. Einen Zwang zur Einehe kennt die matrilineare Familie nicht. Aber das ›Scheidungsrecht‹ – wenn man so sagen will – liegt einzig und allein bei der Frau. Sie bestimmt, wer zu ihr kommen darf. Sie beendet das Verhältnis, wenn es ihr richtig erscheint. Natürlich kann der Mann auch fortbleiben und/oder sich einer anderen Frau zuwenden.

c) Das »Erbrecht«

In der matrilinearen Familie – so heißt es – ging die Erbschaft von der Mutter auf die Töchter über. Dieser Satz ist richtig, aber auch falsch. Daß Kleider, Schmuck und Kochtöpfe der Mutter von ihren Töchtern übernommen werden,

---

7 *U. Wesel*, Mythus, 129f.

ist selbstverständlich. Was hätten die Söhne damit anfangen sollen? Auch das Zelt oder das Haus gehört bei der matrilokalen Familie den Töchtern. Dazu bedurfte es keines Erbrechts. Was jedoch den übrigen ›Besitz‹ betraf, so müssen wir für die alte Zeit sehr sorgfältig darauf achten, daß wir nicht moderne Vorstellungen in jene alten Verhältnisse hineinprojizieren. Denn wenn die Produktionsmittel wie Herden oder Land oder Werkzeug Kollektiveigentum der Sippe oder des Stammes sind, dann haben weder Vater noch Mutter bei seinem/ihrem Tod den Kindern davon etwas zu hinterlassen. Der Besitz bleibt ständiges Eigentum der Sippe und wird entweder gemeinsam bearbeitet oder den einzelnen Kleinfamilien abwechselnd zur Pflege zugeteilt, ob es sich nun um Vieh oder Land oder beides handelt.

So wird vermieden, daß eine Familie mehr Land hat, als sie bearbeiten kann, oder weniger, als für den Unterhalt ihrer Angehörigen nötig ist. Auch konnte man gemeinsam Neuland erschließen oder Bewässerungsprojekte durchführen.

Doch hatte dieses System auch Nachteile, insofern die Sorge für das Vieh, das Weideland, den Acker zu intensiverer Arbeit führte, wenn der Ertrag der kleinen Gruppe unmittelbar und auf Dauer zukam. Der Acker wurde fleißiger gedüngt und gehackt, das Weideland weniger überbeansprucht, das Vieh besser versorgt. So geht die Kleinfamilie dazu über, nach Möglichkeit dasselbe Land – Weideland oder Acker – für längere Zeit zu behalten, dasselbe Vieh zu betreuen. Das führt zur Individualisierung der Arbeit und zur Entstehung des Besitzdenkens. Beides ist ein ineinander verwobener Prozeß, aus dem zuletzt auch das »Erbrecht« hervorgeht[8].

3. »... und er soll dein Herr sein!«

Der Beena- bzw. Zadiqa-Ehe gegenüber steht ein völlig anderer Ehetyp: die *Ba'al-Ehe*. Das Wort *ba'al* heißt in der kanaanäisch-hebräischen Sprache »Herr, Besitzer«[9].

---

8 *U. Wesel*, Mythus, 131 betont gegenüber F. Engels, daß nicht die Entstehung des Besitzes, sondern die Privatisierung der Arbeit zu der Herrschaftsstellung des Mannes geführt habe. Doch läßt sich beides meines Erachtens nicht voneinander trennen.
9 *Ba'al* heißt im Semitischen der »Herr«. Das hat mit dem Gott Ba'al nur insofern zu tun, als die verschiedenen lokalen Götter als »Herr« an-

Die Ba'al-Ehe ist immer *patrilokal* und immer *patrilinear* und *patriarchal*[10]. Der Mann holt seine Frau (seine Frauen) in sein Haus. Er erwartet von ihr, daß sie ihm Kinder gebiert, die dann seine Kinder sind. Da er die Mädchen später an andere Familien verliert, sind die Söhne seine Nachfolger und je nachdem auch Erben. Die Geburt des »Stammhalters« ist deshalb ein besonderes Ereignis. Die Jungen werden weit höher geschätzt als die Mädchen. So wie wir heutzutage lieber einen Neuwagen kaufen als einen Gebrauchtwagen, so möchte der Mann seine Frau so ins Haus führen, daß sie noch keinen Verkehr mit einem anderen Mann hatte. Damit beginnt der Kult des Jungfernhäutchens. Für eine Frau, die bereits Geschlechtsverkehr hatte, zahlt der Mann lange nicht soviel als Brautgeld an den Vater wie für eine ›Unberührte‹. Umgekehrt muß er sich dann auch als Vater größte Sorgen machen, wie er seine Töchter bis zum Ehevollzug vor allen Gefahren, die ihrer Jungfräulichkeit drohen, beschützt. Das kann er am einfachsten erreichen, wenn er sie zu Hause einsperrt oder ihr den Ausgang nur unter Bewachung erlaubt.

Die Frau ist jetzt eine b^e*ulat ba'al*[11], eine vom Mann Beherrschte. Sie ist sein Eigentum wie Haus, Vieh, Acker, Geräte usw., so daß in den Sprachen des Alten Orients für die Eheschließung, das Erbrecht und dergleichen ähnliche Begriffe verwendet werden wie für den Erwerb von Großgütern wie Haus und Weinberg[12]. Nur galt bei allen Völkern des Vorderen Orients, daß die Frau nicht verkauft werden durfte, ohne daß dies gesetzlich festgelegt werden mußte. Dieses ungeschriebene Gesetz war zwar sehr stark, doch gibt es aus Arabien auch Beispiele dafür, wie ein raffinierter Mann es mit Hilfe des Scheidungsgesetzes umgehen konnte.

Dieses Scheidungsrecht liegt in der Ba'al-Ehe ausschließlich beim Mann. Vom »Scheidebrief«, einer Scheidungsurkunde,

---

gerufen oder bezeichnet wurden. In den ugaritischen Epen und teilweise auch im Alten Testament ist Ba'al zum Eigennamen eines Gottes geworden.

10 Matrilokal ist die Errebu-Ehe in Mesopotamien, wobei der Mann zu den Schwiegereltern zieht; vgl. *F. Horst*, Art. Ehe, 316.
11 Im Alten Testament begegnet der Ausdruck b^e*ulat ba'al* in Gen 20,3; Dtn 22,22; nur b^e*ula* in Jes 54,1; 62,4.
12 *F. Horst*, Art. Ehe, 316–318.

wissen wir in der alten Zeit nur aus Israel. Doch bekunden uns die Gesetze anderer Kulturen, daß es wirtschaftliche Sicherungen für die Frau bei der Scheidung gab. Sie konnte durch Davonlaufen bzw. Rückkehr in ihr Elternhaus faktisch ebenfalls die Ehe auflösen, verlor jedoch dabei oft ihre Morgengabe, d.h. die Geschenke, die ihr nach der Hochzeitsnacht gemacht wurden, oder anderen Besitz.

4. Matrilinear versus patrilinear

Haben wir im vorigen Abschnitt die beiden Strukturen einander gegenübergestellt, so fragen wir jetzt nach ihren historischen Beziehungen. Hat es sie beide von jeher gegeben? Oder war zunächst die eine vorherrschend und wurde später von den anderen überlagert und verdrängt? Mit welchen Formen des Nahrungserwerbs, mit welchen Lebensweisen war die Beena-Ehe, war die Ba'al-Ehe verbunden? Welche Veränderungen der menschlichen Gesellschaft haben dazu geführt, daß sich etwa von 4000 v.Chr. an in den meisten Kulturen unserer Erde die patrilineare Familie durchsetzte? Unter welchen Bedingungen blieb die matrilineare Familie erhalten? Oder hat sie sich etwa unter bestimmten Gegebenheiten neu gebildet? Wenn es eine Entwicklung vom Matriarchat zum Patriarchat gab – wie haben wir sie uns vorzustellen, und was waren ihre Ursachen?

a) Von der Sammlergesellschaft zum Fruchtanbau

Die ersten Menschen lebten als Sammler und Jäger wie die Tiere von dem, was die Natur ihnen bot, um sich zu ernähren und zu kleiden, gegen Regen und Kälte zu schützen[13]. Ähnlich wie manche Tiere lebten sie in Gruppen von etwa 50 Mitgliedern, wobei alle gleichberechtigt waren. Aus der Betreuung der Kinder ergab sich eine gewisse Arbeitsteilung zwischen den Geschlechtern. Doch hatten die Frauen ebensoviel zu sagen wie die Männer. Für die Paarung gab es zunächst keine Schranken, doch werden sich allmählich gewisse Inzesttabus durchgesetzt haben. Denn die Frauen benötigten einen Schutz gegen allzu häufige Schwangerschaf-

---

13 U. *Wesel*, Mythus, 105.109ff.127ff.

ten. Auch war die Horde nicht daran interessiert, sich stark zu vergrößern, weil sonst die Nahrungsdecke zu dünn wurde. Aus diesem Grund waren Mädchen weniger erwünscht als Jungen.
Als man Tiere zähmte und mit dem Früchteanbau begann – ob das die Frauen oder Männer erfunden haben, weiß man nicht, vermutlich waren sie beide daran beteiligt –, ergab sich eine weitere Arbeitsteilung. Denn die Männer gingen immer noch als Sammler und Jäger in den Wald, während der Früchteanbau den Frauen oblag. Diese gemeinsame Arbeit der Frauen auf dem Feld führte zu einer sehr starken Stellung, die sie den Männern gegenüber innehatten. Hier kann man sowohl in Afrika wie bei den Hopi-Indianern in Amerika vom Matriarchat im Sinne der Herrschaft reden. Dennoch vertraten die Männer die Sippe nach außen, führten Verhandlungen mit anderen Sippen oder zogen gegen diese in den Kampf. Exogame Ehen, d.h. Paarungen zwischen Mann und Frau über die Sippengrenze hinweg, waren damals noch sehr selten.
Mit Früchteanbau und Viehzucht wurde die Nahrungsgrundlage stabilisiert, so daß nun ein zahlreicher Nachwuchs erwünscht und Mädchen sehr geschätzt waren. Allmählich setzten sich weitere Inzesttabus durch. So wurde es als falsch empfunden, wenn der Vater mit der Tochter oder der Bruder mit der Schwester schlief. Doch ist über die Entwicklung dieser Tabus und ihrer Hintergründe noch keine hinreichende Klarheit in der Forschung erreicht.
Aus der Vermehrung der Sippe ergab sich die Notwendigkeit der Trennung, weil die Weidegründe nicht mehr ausreichten – sehr schön wird in Gen 13 beschrieben, wie sich Abraham und Lot voneinander trennen – oder neues Ackerland urbar gemacht werden mußte. So kommt es zu größeren Gebilden, die wir Stämme nennen, und ganz allmählich auch zur Entstehung von Herrschaftsformen, während bisher das Gleichheitsprinzip vorherrschte[14].
Aber noch bestimmt die Frau, wer zu ihr ins Bett kommt, noch geht der Mann zu der Frau hin, als einer ihrer Liebhaber oder als ihr Ehemann auf Dauer. Kommt er aus einem anderen Zweig des Stammes, hat er die Last der doppelten Sippenzugehörigkeit zu tragen: als Bruder seiner Schwe-

---

14 C. Sigrist, Anarchie, 30.

stern in der eigenen Familie, als Mann seiner Frau in deren Kreis. Alle wollen sie seine Hilfe beim Nahrungserwerb, beim Kampf, in der Ratsversammlung.
Ein wichtiger Schritt hin zur Veränderung dieser Familienstruktur scheint die Erfindung des Pflugs gewesen zu sein, den nun der Mann bedient. Zugleich oder dadurch bedingt bildet sich die Kleinfamilie heraus. Die Arbeit wird nicht mehr kollektiv betrieben, sondern individualisiert und das Denken auf Haus-, Land- und Viehbesitz gelenkt.
Zunächst bringt der Mann die Matrilokalität der Frau zu Fall, d.h. er holt sich seine Frau zu sich, auch wenn die matrilineare Familienstruktur noch lange vorherrschend bleibt. Doch weil die Männer ihren Besitz an ihre Kinder, speziell ihre Söhne vererben wollen, brechen sie die matrilineare Familienstruktur auf und begründen die patrilineare. Beide Formen bestehen aber lange Zeit nebeneinander.

b) Die Unterwerfung der Frau

Diese Umstrukturierung der Familie stellt eine schwere Benachteiligung der Frau dar. Denn sie muß jetzt bei der Hochzeit Vater und Mutter verlassen und in die Familie des Mannes übergehen. Sie muß sich den Verwandten des Mannes anpassen, mit ihrem Mann zurechtkommen und meist zugleich ihre ersten sexuellen Erfahrungen, Schwangerschaft, Geburt und Kinderpflege verarbeiten. Das war so lange nicht weiter tragisch, als es sich praktisch nur um einen Umzug ›um die nächste Ecke‹ handelte, so daß ein Besuch bei der Mutter oder den Schwestern jederzeit möglich war. Erst als die exogamen Heiraten sich vermehrten, die räumliche Trennung also einen bedeutenden Faktor darstellte, wurde der Übergang von der mütterlichen Familie in die Familie des Mannes für die Frau zu einer schweren Last. Hinzu kam das neue Denken, das von ihr eheliche Treue zu diesem einen Mann verlangte, der sie um den Brautpreis erworben hatte. Bei ihm lag auch die Entscheidung, ob sie allein sein Zelt oder Haus teilte oder ob er sich weitere Frauen dazunahm. Er hatte die Macht, sie davonzujagen und die Kinder zu behalten. So wird aus der selbständigen die angepaßte Frau, die vom Mann beherrschte.
Wieso haben sich die Frauen das gefallen lassen? Gab es keinen Widerstand dagegen? Offensichtlich doch, denn wir

können nachweisen, daß sich in vielen Kulturen Spuren der matrifokalen Familienstruktur bis in die Neuzeit gehalten haben. So gab es z.B. bei den Indianern Nordamerikas noch bis ins 19. Jh. hinein mehrere Sippen, die matrilinear lebten, neben anderen, die patrilinear strukturiert waren[15]. Bei den Fukara in Arabien herrschte noch im 19. Jh. im Falle, daß eine Frau mit noch unmündigen Kindern Witwe wurde, folgende Sitte: Die Frau hatte jetzt die Wahl, mit ihren Kindern in die eigene Familie zurückzukehren, mußte die Kinder aber an die Sippe ihres Vaters ausliefern, wenn sie herangewachsen waren. Die andere Möglichkeit war, daß sie in der Familie ihres Manns blieb, dann aber faktisch das Leben einer Sklavin führte. Erstaunlich ist nun die dritte Möglichkeit: Sie konnte mit ihren Kindern selbständig leben und für ihren Unterhalt aufgrund ihrer Morgengabe oder eines Teils des Brautpreises selbst sorgen. Sie hatte dann das Recht, in ihr Zelt einzulassen, wen sie wollte – allerdings hätte dann ein erneuter Wechsel ihrem Ansehen sehr geschadet. Nur wenn ein Mann sie ausdrücklich und schriftlich freigab, konnte sie einen anderen wählen, worin ein offensichtliches Zugeständnis an das Patriarchat zu sehen ist. Die Kinder aus der ersten Ehe waren nun ihre Kinder. Ihr jetziger Mann sorgte nur für den Lebensunterhalt der Kinder, die er gezeugt hatte. Hier hat sich die selbständige Frau der Beena-Ehe noch bis in die Neuzeit hinein als Möglichkeit erhalten[16].

c) Warum haben die Männer gesiegt?

Friedrich Engels hat dargelegt, daß die Entstehung der patrilokalen und bald patriarchalen Familie mit der Entwicklung des Besitzdenkens zusammenhängt. Er schreibt:

»Solche Reichtümer, sobald sie einmal in den Privatbesitz von Familien übergegangen und dort rasch vermehrt waren, geben der auf Paarungsehe und mutterrechtliche Gens gegründeten Gesellschaft einen mächtigen Stoß ... Nach der damaligen Arbeitsteilung in der Familie fiel dem Mann die Beschaffung der Nahrung und der hierzu nötigen Arbeitsmittel, also auch das Eigentum an diesen letzteren zu; er nahm sie mit im Fall der Scheidung, wie die Frau ihren Haushalt behielt ... Der Umsturz

15 *F. Engels*, Ursprung, 101.
16 *J. Henninger*, Familie, 121.

des Mutterrechts war die weltgeschichtliche Niederlage des weiblichen Geschlechts«[17].

Diese Entwicklung vollzog sich sowohl bei den Viehhirten wie bei den Ackerbauern, ist also nicht allein auf die Erfindung des Pflugs zurückzuführen. Offenbar wirkte gleichermaßen die neue Art der Landwirtschaft wie auch das Eigentumsdenken auf die Gesellschaft ein, so daß es zu einer Umgestaltung der Familienstruktur und einer neuen Eheauffassung kam.

Einen weiteren interessanten Versuch zu erklären, wieso im großen und ganzen die Frauen ihre Selbständigkeit nicht wahren konnten, hat Claude Meillassoux unternommen[18]. Er kommt aufgrund von Feldforschungen in Afrika zu dem Ergebnis, daß die matrilinear strukturierten Sippen eher zugrunde gingen als die patrilinear strukturierten und also im Existenzkampf einfach nicht überlebten. Das begründet er folgendermaßen:

Die Fähigkeit einer Familie, sich zu vermehren oder sich nach einer Katastrophe zu regenerieren (Hungersnot, Seuchen, Krieg), hängt von der Zahl ihrer gebärfähigen Frauen ab. Ein Mann kann zwar im Jahr leicht zehn Kinder und mehr zeugen, eine Frau jedoch nur eins zur Welt bringen (sehen wir einmal von Mehrfachgeburten ab). Oder anders gesagt: Zehn Frauen und ein Mann können im Jahr zehn Kinder zur Welt bringen, zehn Männer und eine Frau aber nur eins. Die patrilokal organisierte Sippe gewann sich Frauen durch ›Kauf‹, Raub oder Krieg, konnte also ihren Bestand an Frauen grundsätzlich auffüllen, weil sie im Bedarfsfall fremde Frauen hereinnahm. Die matrilineare und in der Regel auch matrilokal organisierte Familie hingegen setzte sich nur über ihre eigenen Frauen fort und war deshalb in ihrem Bestand und ihrer Regenerationsfähigkeit durch jede Katastrophe stark gefährdet. Deshalb konnte sie nur mit viel Glück überleben.

Diese Theorie von Claude Meillassoux halte ich für sehr plausibel, weil sie die These von der allmählichen Herausbildung der Ba'al-Ehe aufgrund des Privateigentums und der Privatisierung der Arbeit insofern ergänzt, als sie er-

---

17 *F. Engels*, Ursprung, 101.
18 *C. Meillassoux*, Früchte, 45f.60.

klärt, warum es den Frauen nicht gelang, bei dem alten, für sie viel vorteilhafteren Zustand zu bleiben.

Doch ist auch eine andere Theorie zu beachten, die sich bei Johannes Leipoldt findet[19]. Seiner Ansicht nach ist die Unterwerfung der Frau unter den Mann eine Folge der Verstädterung. Gewiß war die Frau in der Stadt leichter unter Kontrolle zu halten als bei dem freien Leben der Halbnomaden oder gar Nomaden oder in den bäuerlichen Dörfern. Arbeiteten die Frauen auf dem Feld oder gingen mit den Herden in die Steppe, so bestand ihr Schutz lediglich in dem starken Tabu, das die Männer von der Gewalttat gegen die Frau abhielt[20]. Obwohl sich bei den nomadischen und halbnomadischen Stämmen des Vorderen Orients die patrilineare Familienstruktur durchgesetzt hat, gibt es in der Geschichte und bis in die Gegenwart so viele Ausnahmen, daß die frühere Freiheit immer wieder durchscheint.

Den hier skizzierten Theorien von Engels, Meillassoux und Leipold ist gemeinsam, daß sie eine Evolution von vorwiegend matrilinearen zu vorherrschend patrilinearen Strukturen annehmen. Dem fügt Gerda Weiler eine Variante hinzu, indem sie behauptet, Völker, die sich auf Wanderschaft begeben hätten, seien zu einem patriarchalen Aufbau gezwungen gewesen[21]. Doch sei die Gegenfrage erlaubt, warum dann Völker wie etwa die Chinesen und die Japaner, für die Wanderungen keineswegs typisch waren, ein derart extremes Patriarchat ausgebildet haben.

Bestritten wird diese Evolutionstheorie von Heide Göttner-Abendroth. Nach ihrer Meinung ist die Männerherrschaft nicht allmählich entstanden, sondern den matriarchalen Kulturen von Eroberervölkern aufgezwungen worden. In Europa wäre das durch den Einbruch der Indogermanen geschehen. Nur beantwortet sie nicht die Gegenfrage, wie diese Eroberervölker zu ihrer patrilinearen Struktur gelangten[22].

---

19 *J. Leipolt*, Frau, 11.
20 Im Alten Testament vgl. Gen 29,1ff; 24,15ff; Ex 2,16–22; für die Antike *W.R. Smith*, Kinship; für die Neuzeit *S. Alafenisch*, Die acht Frauen des Großvaters, 1989, 15 und andere.
21 *G. Weiler*, Ich verwerfe, 54f.108.
22 *H. Göttner-Abendroth*, Matriarchat, 53ff.

5. Die unterschiedlichen Ausprägungen des Patriarchats

a) Die Stellung der Frau im Vorderen Orient und im Mittelmeerraum

Sosehr allen Kulturen, in denen sich die patrilineare Familienstruktur durchgesetzt hat, gemeinsam ist, daß die Frau zum Besitz des Mannes gehört und ihm unterworfen ist, von ihr eheliche Treue und die Hinordnung auf ihren Eheherrn verlangt wird, so unterschiedlich hat sich doch ihre soziale und rechtliche Stellung entwickelt. Dies sei für den Vorderen Orient und den Mittelmeerraum in kurzen Zügen angedeutet. Was die Antike betrifft, so vermochte die Frau vor allem in Ägypten ihre rechtliche Selbständigkeit zu wahren. Sie konnte Eigentum besitzen und verwalten, Rechtsgeschäfte abschließen und sich gegen Benachteiligungen wehren[23].
In Mesopotamien war ihre soziale und rechtliche Stellung ungünstiger, doch geht aus den alten Rechtssammlungen hervor, daß z.B. hochgestellte Priesterinnen Eigentum besitzen und verwalten konnten[24]. Auch konnte sich eine Ehefrau dagegen wehren, daß ihr Mann eine Prostituierte ins Haus nahm[25] oder daß im Fall ihrer Unfruchtbarkeit die Nebenfrau oder Sklavin, die ihrem Eheherrn ein Kind geboren hat, sich ihr gegenüber aufspielte[26]. Im Codex von Ešnunna findet sich folgende Bestimmung: Eine Frau hat ihrem Mann Kinder geboren, doch dieser verliebt sich in eine andere und will sie in sein Haus aufnehmen. Nein, sagt die Rechtsordnung, in diesem Fall muß er mit seiner Geliebten fortgehen und seiner Frau und deren Kindern das Haus überlassen[27]. Wird die Frau zur Witwe, wird sie von ihrem Mann verstoßen oder so schlecht behandelt, daß sie es bei ihrem Mann nicht mehr aushält, kann sie zu ihrer Familie zurückkehren.
Im ganzen Vorderen Orient galt, daß die Frau Mitglied ihrer Sippe bleibt, nur sozusagen an den Mann und seine Familie

---

23 E. Brunner-Traut, Stellung, 312–335, hier 324–326.
24 Codex Hamurabi, § 178, in: TUAT I/1, 65; vgl. R. Harris, Women, 150ff.
25 Gesetze von Isin, § 27, in: TUAT I/1, 28.
26 Codex Hamurabi, § 146, in: TUAT I/1, 38.
27 Codex von Ešnunna, § 59, in: TUAT I/1, 38.

ausgeliehen wird, um dort Kinder zur Welt zu bringen. Doch wirkt sich die patrilineare Familienstruktur dahingehend aus, daß ihre Kinder der Familie ihres Mannes gehören und sie auf sie verzichten muß, wenn sie sich von dieser Familie trennt oder fortgeschickt wird. Mit dieser Zugehörigkeit zu ihrer Sippe wird es zusammenhängen, daß die Frau zwar Eigentum des Mannes ist, von ihm jedoch nicht verkauft werden darf.

Ganz anders sah es in den nördlichen Küstengebieten des Mittelmeeres aus. Sowohl in Griechenland als auch in Rom verliert die Frau mit der Heirat jede Bindung an ihre Familie und geht völlig in die Verwandtschaft des Mannes über. Doch auf dieser gemeinsamen Grundlage gibt es größte Unterschiede. In Rom und in anderen Städten Italiens hatte die Frau eine relativ selbständige Stellung. Sie konnte Eigentum besitzen und darüber verfügen, konnte Geschäfte abschließen und große Unternehmen wie z.B. Schiffswerften leiten. Auch den Beruf einer Ärztin konnte sie ausüben. Politische Ämter haben Frauen in Rom offenbar nicht bekleidet, wohl aber als Priesterinnen (Vestalinnen) hohes Ansehen genossen und von daher auch politischen Einfluß ausgeübt[28].

Für die Frauen in Athen und in anderen Städten Griechenlands galt der Grundsatz, daß sie dazu da seien, ihrem Mann Kinder zur Welt zu bringen und dem Hauswesen vorzustehen. Dieses Haus sollte die Frau möglichst wenig verlassen. Doch auch drinnen war ihre Autorität beschränkt. Ihr Mann verkehrte nach Belieben mit den Sklavinnen oder nahm sogar eine Hetäre in sein Haus auf. Diesen z.T. hochgebildeten Frauen gegenüber, die ihre künstlerischen Fähigkeiten entfalten konnten, mag die Hausfrau erst recht als bitter empfunden haben, daß ihre jede Ausbildung versagt worden war, soweit sie über die Hauswirtschaft hinausging. Allerdings war sie von klein auf für diese Rolle der Hauswirtin und Mutter erzogen worden, so daß sie diese verinnerlicht hatte und ihren Trost darin fand, daß sie eine ehrbare Ehefrau war. Jene anderen, die Hetären, hatten bei aller Verehrung, die man ihrer Schönheit, ihrem gepflegten Äußeren, ihren künstlerischen Fähigkeiten und ihrem Bildungsstand entgegenbrachte, eben doch den Ruf des Unanständigen zu

[28] J. Leipoldt, Frau, 16ff.

ertragen. Damit bezahlten sie für die größere Selbständigkeit und Unabhängigkeit ihrer Lebensführung[29].
In Sparta wiederum wurden Jungen und Mädchen gleich und gleichberechtigt erzogen. Sie betrieben auch alle Sportarten gemeinsam – in der Regel unbekleidet. Da die Frauen die gleiche Bildung hatten wie die Männer, konnten sie in den öffentlichen Angelegenheiten mitreden und mitentscheiden[30]. Doch hat sich die spartanische Gesellschaftsstruktur in Griechenland nicht durchsetzen können; sie blieb eine Ausnahme und fand ihr Ende. Im Gegenteil wird die Ausweitung des griechischen Einflusses nach Kreta und dem westlichen Kleinasien erheblich dazu beigetragen haben, daß die alten matrilinearen, ja mutterrechtlichen Strukturen dieser Länder zugrunde gingen. Mehr als Erinnerungen an Staaten und Städte, in denen die Frauen das Sagen hatten, sind nicht geblieben. Die Lykier im westlichen Kleinasien hatten einst Königinnen in weiblicher Thronfolge, und bei den Hethitern wurde diese erst 1525 v.Chr. abgeschafft[31].

b) Die Stellung der Frau im kanaanäischen Raum und im Alten Testament

Auch im syrisch-palästinensischen Gebiet muß in der Spätbronzezeit das Patriarchat vorherrschend geworden sein, wenn denn die These stimmt, daß am Anfang ein Matriarchat im Sinne der matrifokalen Familienstruktur vorlag. Die Funde in Ugarit und in den phönizischen Küstenstädten besagen, daß sich damals die Baʻal-Ehe weitgehend durchgesetzt hatte. Es gibt keinen Grund für die z.B. von Gerda Weiler vertretene These, daß die in Palästina einwandernden Israeliten patriarchal organisiert gewesen seien, dort jedoch eine mutterrechtliche Kultur der kanaanäischen Bevölkerung vorgefunden hätten[32]. Die Verehrung von Göttinnen besagt wiederum überhaupt nichts für die Familienstruktur.
Was nun die Stämme Israels selbst betrifft, so können wir aus dem Alten Testament mit Sicherheit erkennen, daß sie

29 *J. Leipoldt*, Frau, 35ff.
30 *J. Leipoldt*, Frau, 25–30.
31 *I. Seibert*, Frau, 51ff; siehe auch unten S. 121.
32 *G. Weiler*, Ich verwerfe, 37ff.

Wir machen uns auf den Weg

in der Zeit der Entstehung des Königtums, also um 1000 v.Chr., eine patrifokale Familienstruktur hatten. Diese muß sich in der sogenannten Richterzeit bereits ausgebildet haben, wenn sie nicht noch älter ist[33].
In seinem Buch »Hebrew Marriage« von 1953 schließt David R. Mace seine Untersuchungen mit dem Satz ab:

»Abschließend mag zugegeben werden, daß es eine matriarchale Phase hinter der patriarchalen Organisation der Hebräer gegeben haben könnte. Dafür mag es sogar spärliche Überreste (vestigal remains) im Alten Testament geben. Doch wenn das zutrifft, dann lag diese derart weit zurück in der Vergangenheit, daß ihr Einfluß auf Ehe und Familienleben, wie wir sie dort geschildert finden, so geringfügig (negligible) ist, daß man sie ohne Schaden außer acht lassen kann.«[34]

In Büchern, die Maces These übernehmen oder unabhängig von ihm ähnlich urteilen, wird im Hinblick auf selbständig handelnde Frauen im Alten Testament – wie Debora, Jael, Abigail usw. – oft die These vertreten, hier hätten sich jeweils einzelne Frauen durchgesetzt; die damalige patriarchale Familienstruktur habe ihnen dies ohne weiteres ermöglicht.
Könnte es demgegenüber nicht sein, daß die Spuren matrilinearer Familienstrukturen im Alten Testament gar nicht so geringfügig sind und wir manche Texte besser verstehen und manche seiner Gestalten adäquater beurteilen können, wenn wir Überreste jener anderen Gesellschaftsstruktur in Rechnung stellen.
Meine These ist jedenfalls die, daß die Spuren der matrilinearen Familie im Alten Testament deutlich stärker sind, als Mace behauptet. Die unabhängigen und starken Frauengestalten, denen wir dort begegnen, stellen keine Ausnahmen dar, die es kraft ihrer Persönlichkeit geschafft haben, sich von anderen abzuheben. Sie sind vielmehr als Auswirkungen einer Kultur zu verstehen, die den Frauen aufgrund ihrer Strukturen eine derartige Selbständigkeit ermöglichten. Begeben wir uns daher auf die Suche nach den verbliebenen Resten der matrilinearen Familie im Alten Testament.

---

33 Wenn die israelitischen Stämme nicht eingewandert, sondern im Land selbst entstanden sind, erübrigt sich eine Unterscheidung der Zeit vor und nach der Landnahme sowieso. Ich lasse dieses Problem offen.
34 *D.R. Mace*, Marriage, 94 (Übersetzung von mir).

II

Frauen in der Patriarchenzeit

1. Wir begegnen Sara und Hagar

Von Sara wird uns in zwei Geschichten erzählt, die jeweils Dubletten sind. Es handelt sich einmal um das Thema der Gefährdung Abrahams im Ausland (Gen 12,10–20; 20,1–18), sodann um den Streit zwischen Sara und Hagar (Gen 16,1–14; 21,9–21)[1].
Neben diesen beiden Geschichten finden wir einen Kurzbericht über Isaaks Geburt (Gen 21,1–8) und eine für sich stehende Erzählung, wie Sara im Zelt lacht (Gen 18,1–15).

a) Abraham und Sara in Ägypten (Gen 12,10–20)

Wenden wir uns der ersten Dublette zu, der Gefährdung Abrahams im Ausland. Die ältere Überlieferung erzählt, wie Abraham mit Sara in Ägypten Zuflucht sucht, weil in Kanaan eine Hungersnot ausgebrochen ist. Aus Angst um sein Leben hat Abraham seiner Frau befohlen, sich als seine Schwester auszugeben. Die schöne Sara wird als vermeintlich unverheiratete Frau in den Harem Pharaos gebracht. Als diesen Unglück trifft und er erfährt, daß sie eine verheiratete Frau ist, entläßt er Abraham und Sara mit reichen Geschenken.
Claus Westermann bemerkt in seinem Genesiskommentar[2], daß die Erzählung in den beiden Gesprächen am Anfang und Ende ihre Säulen hat. Dazwischen findet sich ein kurzer Handlungsteil. Was Westermann Gespräche nennt, sind je-

---

1 Daß es sich um Dubletten handelt, die später von den Redaktoren kunstvoll in den Gesamtrahmen der Abrahamgeschichten eingefügt wurden, als wären es aufeinanderfolgende Begebenheiten, setze ich als Ergebnis der kritischen Exegese voraus. Obwohl in den älteren Traditionen das Ehepaar Abram und Sarai hießen, schließe ich mich dem üblichen Gebrauch der späteren Namensformen Abraham und Sara an.
2 *C. Westermann*, Genesis 12–36, 188.

doch gar keine, vielmehr redet Abraham zu Sara und Pharao zu Abraham. Sara antwortet nicht auf Abrahams Vorschlag oder Befehl, sich als seine Schwester auszugeben. Ihr Gehorsam wird vom Erzähler einfach vorausgesetzt. Ihre Gefühle sind ihm unwichtig, geht es doch darum, daß sie ihrem Ehemann das Leben retten soll. Dabei setzt der Erzähler offenbar voraus, daß in Ägypten die Ehe so heiliggehalten wird, daß ein Mord weniger schwer wiegt als der Einbruch in eine fremde Ehe. Oder ist es die Scheu vor der Rache des Ehemanns, die den Ägypter zum Mord an ihm treiben würde?
Jedenfalls scheinen für Abraham die Unversehrtheit seiner Ehe, die Würde seiner Frau und die eigene Ehre eine geringere Rolle zu spielen als die Erhaltung seines Lebens. Er ist kein romantischer Kavalier, sondern ein realistischer Egoist.
Wie mag Sara zumute gewesen sein, als sie in den Palast und Harem des Pharao kam? Für die Nomadenfrau aus dem Dürreland war dies ein Märchen, ein Traum, ein unbekannter Luxus, vielleicht auch ein erotisches und sexuelles Erlebnis. Allerdings nur ein kurzer Traum. Pharao gibt sie ihrem Mann, dem primitiven Leben im Zelt, dem Staub der Herden zurück. Wäre sie lieber im Palast geblieben?
Maria-Sybilla Heister sieht in der Erzählung eine Parallele zum Auszug Israels aus Ägypten und meint, »daß in der Urfassung dieser Erzählung Jahwe als der Befreier von Unterdrückten und Erniedrigten gepriesen wurde.«[3] Merkwürdig, daß sie gar nicht die Frage stellt, ob sich Sara bei Pharao wirklich unterdrückt und erniedrigt vorkam oder ganz im Gegenteil dieses ›Märchen‹ genossen hat. Warum nimmt Heister unbesehen den Standpunkt des Erzählers ein, der den Auszug Abrahams aus Ägypten mit Frau, Geschenken und Polizeischutz durchaus positiv bewertet?
Gerhard von Rad sieht in alledem eine Führungsgeschichte, ein großes göttliches Geschehen mit den Vätern[4]: Abraham wurden viele Nachkommen verheißen, doch bis es dazu kommt, gerät die Erfüllung immer wieder in Gefahr. Wenn er seine Frau in Ägypten verliert, wie soll er zu Söhnen kommen? Jahwe wird zwar alle Hindernisse überwinden,

---

3 *M.-S. Heister*, Frauen, 15.
4 *G. von Rad*, Genesis, 141ff.

doch wird dem Hörer immer wieder Angst gemacht, es könnte doch noch schiefgehen.
Ganz anders Hermann Gunkel[5]: Für ihn ist die Geschichte ein Schwank, bei dem sich Erzähler und Hörer ins Fäustchen lachten: Der Schwache, als Gast im fremden Land Bedrohte, greift zur List und hat damit vollen Erfolg. Denn Jahwe, sein Gott, hilft ihm, so daß der fremde Fürst kläglich jammernd die beiden fortschicken muß. Bei Gunkel wird die Erzählung aus sich selbst und nicht aus übergreifenden Ideen des Abraham-Zyklus heraus erklärt.
Westermann interpretiert die Pharao-Rede nicht als klägliches Lamentieren, sondern als berechtigten Vorwurf von Mann zu Mann, so daß nach seiner Meinung Abraham zwar wohlhabend, aber ins Unrecht gesetzt und gedemütigt davonzieht. Denn er hat bei seiner List nur an sich selbst und nicht an den Mann gedacht, den er durch seine Lüge zum Ehebrecher macht und der nun schuldig-unschuldig dafür leiden muß.
Wenn ich diese Deutungen nebeneinandersehe, fällt mir das Spiel ein, in dem der Satz »Herr Graf, die Pferde sind gesattelt!« als Schauspiel, Tragödie, Komödie, Oper, Operette, Musical usw. vorgetragen wird. Ebenso könnte man die beiden Reden, die Abrahams und die des Pharao, im Ton variieren und würde jedesmal eine ganz andere Geschichte erhalten. Denken wir jedoch über Sara in der Geschichte nach, so müssen wir über das hinausgehen, was der Erzähler reflektiert hat, denn er sieht sie nur als die schöne Frau, Anlaß für einen Konflikt unter Männern, sonst nichts.
Was die Parallelerzählung von Abraham und Sara im Philisterland betrifft (Gen 20,1–18), so hat Westermann recht, wenn er diese Geschichte als einen Kommentar zu Gen 12, 10–20 auffaßt, als eine Reflexion über Schuld und Unschuld Pharaos, auch wenn der Täter hier Abimelech ist, der König von Gerar[6]. Auch Abraham wird hier teilweise entschuldigt, denn seine Lüge ist nicht so kraß wie in Gen 12. Sara, so erklärt Abraham dem König, sei seine Halbschwester, Tochter desselben Vaters, jedoch von einer anderen Mutter. Wir ersehen daraus, daß noch in der Zeit dieses Erzählers die Ehe zwischen Halbgeschwistern nicht als anstößig

---

5 *H. Gunkel*, Genesis, 173.
6 *C. Westermann*, Genesis 12–36, 389.

galt, während sie in nachexilischer Zeit verboten war: »Verflucht, wer mit seiner Schwester schläft, der Tochter seines Vaters oder seiner Mutter!«[7]
Es ist in vielen Kulturen eine deutliche Entwicklung von der endogamen zur exogamen Ehe zu sehen. Das heißt: Der Ehepartner wird mehr und mehr aus einer anderen Familie oder Sippe geholt, die sexuelle Partnerschaft innerhalb der eigenen Familie zunehmend unter eine Tabu gestellt bzw. gesetzlich verboten. Um so erstaunlicher ist, daß sich bei den Nomadenstämmen Arabiens die Vetter/Base-Ehe noch bis ins vorige Jahrhundert erhalten hat[8].

b) Sara lacht im Zelt (Gen 18,1–15)

Gewöhnlich heißt die Geschichte: »Der Besuch der drei Männer bei Abraham«. Liest man sie jedoch aufmerksam, so handelt es sich um einen Besuch bei Abraham und Sara. Zwar beherrscht zunächst Abraham die Szene: Er bittet die Fremden, sich unter dem Baum niederzulassen; er befiehlt Sara und dem Knecht, die Speisen zuzubereiten; er bedient die Gäste während des Essens. Sara hat im Zelt zu bleiben, ja die Gäste sitzen so, daß der Zelteingang hinter ihnen liegt[9], so daß sie auch nicht ins Zelt hineinschauen können. Doch mit einem Mal, mit der Frage des einen Gastes: »Wo ist Sara, deine Frau?«, wendet sich das Interesse des Erzählers Sara zu, obgleich sie im Zelt bleibt und nur von dort aus mit den Gästen redet. Trotz einer gewissen vermittelnden Rolle Abrahams kann man sagen, daß die zweite Hälfte der Geschichte eine Sara-Erzählung ist.
Insofern wird Claus Westermann recht haben, wenn er meint, daß der Erzähler hier zwei Geschichten kombiniert habe: Die eine handele von der Erprobung der Gastfreundschaft Abrahams, der als Belohnung die Sohnesverheißung empfängt[10]. Die andere behandele das Thema: Ein Gottesbote verkündet der unfruchtbaren Frau, daß sie einen Sohn

---

7 Dtn 27,22. Zu vergleichen sind Lev 18,9.11; 20,17; Ez 22,11.
8 *J. Henninger*, Familie, 54ff.
9 Das kommt in der griechischen Bibelübersetzung, der Septuaginta, deutlicher zum Ausdruck als im hebräischen Text von Gen 18,10.
10 *C. Westermann*, Genesis 12–36, 331ff. Eine Parallele finden wir in 2Kön 4,8ff, wo Eliša der Frau aus Sunem als Dank für ihre Gastfreundschaft einen Sohn verheißt.

gebären wird[11]. Durch die Kombination beider Begebenheiten habe die Erzählung ihre eigentümliche Doppellastigkeit erhalten.

Die Vorstellung, daß Sara in ihrem Alter, wo die Monatsblutung längst aufgehört hat, noch ein Kind bekommen soll, ist absurd. Insofern hat Sara völlig recht, wenn sie lacht. Ihr Gedanke: »Soll mich verbrauchten Lumpen noch Liebeslust ankommen – mein Herr ist doch auch schon alt«[12] weist uns darauf hin, daß zwischen den Eheleuten der Geschlechtsverkehr aufgehört hat. In Gen 18,12 liegt im Hebräischen ein Wortspiel vor, insofern *'aednā* (»Liebeslust«) und *'ādôn* (»Herr«) miteinander kombiniert sind. Sonst wird vom Ehemann als dem *ba'al* gesprochen, während der Sklave seinen Herrn als seinen *'ādôn* bezeichnet[13].

Als theologischen Höhepunkt der Erzählung sieht Gerhard von Rad das Gotteswort: »Gibt es denn eine Sache, die Jahwe zu wunderbar ist?«[14] Hier erfährt der Hörer der Geschichte zum ersten Mal, daß es sich bei einem der Gäste um Jahwe selbst handelt, während dies den beiden Eheleuten noch verborgen bleibt. Weniger theologisch fällt die Interpretation aus, wenn man mit Westermann statt mit »wunderbar« mit »schwierig« übersetzt. Er meint nun wiederum, daß Sara im Augenblick dieser erneuten Verheißung erkannt habe, daß ein Gottwesen zu ihr spreche und daß ihr folgendes Leugnen: »Ich habe nicht gelacht« diesem Schrecken vor dem Numinosen entstamme[15]. Von Rad findet hier eine »kecke Lüge«, die sie in »Verwirrung und Unbesonnenheit« ausspricht[16]. Ich denke, daß es der Erzähler absichtlich bis zum Ende der Erzählung in der Schwebe läßt, ob Abra-

---

11 Zu vergleichen sind z.B. Gen 16,11–12; Ri 13,1ff. Die ursprüngliche Einleitung der Erzählung von der Begegnung der Gottesboten mit der unfruchtbaren Frau war Gen 18,11, wo die Unmöglichkeit der Schwangerschaft mit dem hohen Alter des Ehepaares begründet wird; heute, so Westermann, stehe der Vers an einem falschen Platz.
12 Das Partizip von *blh* wird von abgenutzten, zerfallenden Lumpen gebraucht; vgl. *W. Gesenius*, Handwörterbuch, s.v.
13 Wegen des Wortspiels darf man nicht wie *M.-S. Heister*, Frauen, 24 inhaltliche Folgen an den Gebrauch von *'ādôn* an dieser Stelle knüpfen, als habe sich Sara hier als Sklavin ihres Mannes verstehen wollen.
14 Gen 18,14.
15 *C. Westermann*, Genesis 12–36, 342.
16 *G. von Rad*, Genesis, 176.

ham und Sara wissen, wer sie da besucht, oder nicht. Daß Sara sich fürchtet und daher lügt – die Lüge ist die Waffe der Schwachen –, kann durchaus innerhalb der menschlichen Sphäre verstanden werden und hat keinen numinosen Schrecken zur Voraussetzung. Ein solcher wird bei der Erscheinung des Gottesboten vor Gideon und Manoaḥ in seinen Auswirkungen ganz anders geschildert: Wer ein El-Wesen sieht, muß sterben[17].

Viermal geht es in dieser Erzählung um Saras Lachen[18]. Damit wird auf den Namen ihres Sohnes Isaak (*jiṣḥāq*) hingewiesen, in dem das Verb *ṣḥq* steckt, das unter anderem auch »lachen« heißt. Wie alle Namen, die eine finite Verbform enthalten, war wohl auch Isaak ein theophorer Name, etwa *jiṣḥaq 'ēl* (»El lacht«). Doch hat der Erzähler Sara in der Geschichte nicht nur lachen lassen, um eine Namenserklärung vorzubereiten (Namensätiologie). Er hat dieses ihm wohl vorgegebene Motiv dazu benutzt, um uns etwas über Sara zu sagen. Ihr Lachen ist ein bitteres, ironisches Lachen, in dem sich lebenslange Frustration über ihre Kinderlosigkeit ausdrückt. Hat man ihr doch schon als kleinem Mädchen beigebracht, daß die Erfüllung ihres Lebens im Kinderkriegen bestünde, daß ihr Wert sich nach der Zahl ihrer Söhne bemessen würde. Wie schwierig muß es für sie gewesen sein, ihren Selbstwert gegen diese verinnerlichte Konvention zu gewinnen und zu behaupten, als sie kinderlos blieb. All das bricht mit diesem Lachen – einem gedämpften Lachen – aus ihr heraus.

Laut Hermann Gunkel – dem ich mich gegen von Rad und Westermann anschließe – bricht die ursprüngliche Erzählung in der Mitte von V. 16 ab[19]. Ursprünglich muß erzählt worden sein, wie die Männer fortgehen, wie Sara einen Sohn bekommt, den sie Isaak nennt, und die Männer dies bei ihrer Rückkehr übers Jahr befriedigt feststellen. Ob sie sich erst dann zu erkennen gegeben haben?

Fassen wir beide Geschichten, die von Gen 12,10–20 und diese, kurz zusammen, so begegnet uns Sara in beiden als eine *be'ulat ba'al*, eine Frau, die Besitz ihres Mannes ist[20].

17 Ri 6,22; 13,21b.22.
18 Gen 18,12.13.15.15.
19 *H. Gunkel*, Genesis, 199.
20 Vgl. Gen 20,3, wo der Ausdruck vorkommt.

Darf die junge, schöne Sara in der einen Geschichte weder auftreten noch reden, so hat die alte Frau in der anderen einen richtigen Auftritt im Gespräch mit den Gästen. Sie ist zwar von der Ideologie der Baʿal-Ehe beherrscht – der Wert der Frau bemißt sich nach der Zahl der Kinder/Söhne –, das zeigt ihr bitteres Lachen. Doch mit diesem Lachen und seiner Begründung beweist sie zugleich einen gewissen Trotz und damit eine Selbständigkeit und Rationalität, wie wir sie ähnlich bei der Frau Manoahs finden werden[21]. Abraham scheint das Absurde der Sohnesverheißung einfach hinzunehmen – sie nicht. Nur bricht ihr Mut doch wieder zusammen, als sie leugnet, gelacht zu haben.

c) Hagars Vertreibung – die erste Version (Gen 16,1–14)

In unserer zweiten Dublette, in welcher Sara Hagar zur Gegenspielerin hat, begegnet uns eine ganz andere Sara. Sie ist die eigentliche Trägerin der Handlung. In der einen Version schlägt sie sich mit ihrer Kinderlosigkeit herum, in der anderen hat sie bereits Isaak geboren, will ihm aber das Erstgeburtsrecht gegenüber Ismael sichern.
Zunächst zur Rechtslage: Sara ist kinderlos und gibt ihre Leibmagd ihrem Mann ins Bett, wobei das erzeugte Kind dann als ihr Kind gelten soll. Das scheint im Alten Orient eine gängige Handlungsweise gewesen zu sein. Wir finden im Codex Hamurabi eine einschlägige Rechtsbestimmung:

»Wenn ein Bürger eine Naditu-Priesterin heiratet, sie ihrem Ehemann eine Sklavin gibt und diese Kinder gebiert, wenn dann nachher diese Sklavin sich mit ihrer Herrin gleichstellt, darf ihre Herrin, weil sie Kinder geboren hat, sie nicht für Geld verkaufen, aber sie darf sie mit einer Sklavenmarke versehen und sie zu den Sklavinnen zählen.«[22]
»Wenn sie keine Kinder geboren hat, darf ihre Herrin sie für Geld verkaufen.«[23]

Wenn die Frau ihrem Mann die Sklavin zur Frau gab, so wollte sie die andere Möglichkeit vermeiden, daß nämlich ihr Mann sich selbst eine zweite Frau suchte. Deren Kinder hätten dann nicht als die Kinder der ersten Frau gegolten,

---

21 Ri 13,19ff; siehe auch unten S. 98ff.
22 Codex Hamurabi, § 146, in: TUAT I/1, 60.
23 Codex Hamurabi, § 147, in: TUAT I/1, 60.

sie wäre also kinderlos geblieben. Auch war die Stellung der zweiten Frau als Rivalin natürlich problematischer – weil stärker – als die Position der Sklavin. Wir sehen das im Alten Testament am Beispiel von Hanna und Peninna in 1Sam 1. Doch wie sowohl Codex Hamurabi als auch unsere Erzählung zeigen, war die Sache mit der Sklavin auch nicht ohne Risiko. Sie konnte »sich ihrer Herrin gleichstellen« oder »ihre Herrin verachten«. Als Konkubine des Ehemannes und Mutter des künftigen Sohnes fühlt sie sich sehr stark. Das gleicht ihre frühere Benachteiligung aus. Hagar war in der Erzählung von Gen 16,1–14 nicht nur Leibmagd Saras und damit jeder Laune ihrer Herrin ausgesetzt, sondern als Ägypterin auch noch Ausländerin ohne jeden Rückhalt bei ihrer Familie, ohne jede Hoffnung auf Freikauf, wie sie die in Schuldsklaverei geratenen Töchter einer israelitischen Familie haben konnten.
Angesichts des neuen, Verachtung ausdrückenden Auftretens ihrer Magd steht Sara vor einer schweren Entscheidung: Will sie lieber das Kind haben oder ihre Würde bewahren? Hören wir dazu Claus Westermann: »Das Leben einer Frau ist nur ganzheitlich ..., wenn sie Glied einer Familie ist, in der sie dem Mann Kinder schenkt. In der Väterzeit gibt es eine andere Gliedschaft oder Zugehörigkeit für eine Frau nicht.«[24]
Wenn Sara sich nicht demütigen lassen will, muß sie also das Kind und – in diesem Sinn – die Ganzheit ihres Lebens preisgeben. Sie trifft die Wahl und tritt vor ihren Mann hin: »Mir ist Unrecht geschehen. Du bist dafür verantwortlich.«[25]
Sie legt den Fall dar und verweist auf Jahwe als den Richter, d.h. als den Beschützer der Schwachen, ins Unrecht Gesetzten. So soll auch Abraham ihr jetzt zu ihrem Recht verhelfen. Gemeint ist zunächst vielleicht nur, daß er seiner Konkubine ein bescheideneres Auftreten gegenüber der Ehefrau ans Herz legt oder sie zusammenstaucht. Abraham aber will die Sache auf eine für ihn bequeme Weise klären. Er gibt in aller Form seine Konkubine an Sara zurück, der sie jetzt wieder als Leibmagd untersteht. So erspart er sich weitere Mühe und sieht nicht, daß er damit sein Kind riskiert.

24 C. Westermann, Genesis 12–36, 285.
25 So G. von Rad, Genesis, 162, der die traditionelle Übersetzung »mein Unglück komme über dich« oder ähnlich für falsch hält.

Sara nutzt die neue Situation aus. Ob sie Hagar körperlich angriff, also »mißhandelte«[26] oder »in ihrer Würde erniedrigte«[27], läßt sich aufgrund des Textes nicht sicher entscheiden. Auf jeden Fall macht sie ihr klar, wer oben und wer unten steht, wer auf wen herabsehen kann. Dabei enthielt ihre Rechnung einen Fehler – oder hat sie die Wirkung ihres Verhaltens bewußt in Kauf genommen? Ihr Fehler war der: Sie rechnete nicht mit Hagars Stolz, der größer war als die Sehnsucht nach der Sicherheit, die ihr die Zelte des wohlhabenden Herdenbesitzers für die Zeit der Schwangerschaft, der Geburt und der ersten Lebensjahre ihres Kindes bot.
Ich habe versucht, mir die Situation vorzustellen, nachdem Sara ihre Sklavin wieder in ihrer Gewalt hatte:

Sara: »Geh! Hol mir Wasser!«
Hagar: »Ich bin bereit, dir Wasser zu holen, wenn du mich darum bittest.«
Sara: »Frechheit! Hol mir Wasser!«
Hagar: »Hol dir dein Wasser selbst!«
Sara: »Da ist der Krug. Nimm ihn und hol mir Wasser!«
Hagar rührt sich nicht. Sara wirft im Zorn den Krug nach ihr; Hagar weicht aus, der Krug geht in Scherben.
Sara: »Unverschämte Hure! Du bist schuld, daß der Krug zerbrochen ist!«
Hagar: »Wie, du Kinderlose, wer hat denn den Krug geworfen? Du willst mir Vorwürfe machen?«
Sara: »Auf die Knie mit dir! Und bitte mich um Verzeihung! – Was? Du willst nicht? Fort mit dir, mir aus den Augen!«
Hagar (spöttisch): »Wo soll ich denn hingehen?«
Sara: »Geh, wohin du willst, wenn ich nur deine freche Visage nicht mehr zu sehen brauche.«

Hagar geht. Von dem Vater ihres Kindes preisgegeben, die Launen ihrer Herrin nicht mehr ertragend, nimmt sie das schwere Schicksal auf sich, als Frau allein zu leben, als schwangere Frau. Sie wählt die Freiheit, eine Freiheit voller Gefahren und Unsicherheit, sie emanzipiert sich, wie Westermann zutreffend feststellt. Ich meine, daß der Erzähler Hagars Weggang in diesem positiven Sinne sah und ihr nicht einen »offenen Rechtsbruch« vorwerfen wollte, wie es Gerhard von Rad annimmt[28].

26 *H. Gunkel*, Genesis, 186.
27 *G. von Rad*, Genesis, 162.
28 *G. von Rad*, Genesis, 162.

Frauen in der Patriarchenzeit 39

Doch noch einmal zurück zu Sara. Wenn sie es bewußt und im Ernst auf Hagars Weggang ankommen ließ, das Kind, das ihres sein sollte, also preisgab, dann hat sie ihrerseits eine wichtige Entscheidung getroffen. Sie hat sich der Ideologie entzogen, die den Wert einer Frau nach der Zahl ihrer Kinder bestimmte. Sie hat ihren Stolz und ihre Würde gewahrt, unabhängig von der Frage der Nachkommenschaft.
Doch hat die Geschichte noch einen zweiten Teil. Hagar ist unterwegs in Richtung auf ihre Heimat Ägypten[29]. An einer Quelle, wo sie Rast macht, trifft sie einen Fremden. Nach der üblichen Fragerei: »Woher? Wohin?« verheißt ihr der Mann einen Sohn, den sie Ismael nennen soll und über dessen Lebensweise sie eine Auskunft erhält. Sie nennt die Gottheit dieses Brunnens El roî: »Du bist ein Gott, der mich sieht« (Lutherbibel). Dies kann mit dem Satz erklärt werden: »Gewiß habe ich einen El gesehen – und bin noch am Leben, nachdem ich ihn gesehen habe!«[30] oder: »Wahrlich, ich bin dem begegnet, der mich errettet!«[31]
Der Hörer der Geschichte braucht sich also keine Sorgen um Hagar zu machen. Die Frau, welche die Freiheit erwählte, wird allen Gefahren zum Trotz ihren Sohn bekommen und zahlreiche Nachkommen haben, die wie die Wildesel in der Wüste wohnen und ein Schrecken für die anderen Menschen sind. Denn Hagar war gewürdigt, einem El-Numen zu begegnen, auch wenn es im jetzigen Text der Jahwebote ist, der zu ihr redet.
An diesem zweiten Teil der Erzählung ist einiges bemerkenswert. Der Erzähler begnügt sich nicht damit, daß wir uns mit der kinderlosen Sara identifizieren, deren verzweifelter Versuch, doch noch zu einem Kind zu kommen, fehlschlägt, weil beide benachteiligten Frauen ihre Würde nicht preisgeben wollen. Nein, der Erzähler zieht uns hinüber auf die andere Seite, hin zu der Frau, die Sklavin war, doch nun in die gefahrvolle Freiheit entlaufen ist. Er läßt uns auch mit ihr empfinden, uns in ihre Lage einfühlen und uns dar-

---

29 Gen 16,7ff.
30 *J. Wellhausen*, Prolegomena, 330.
31 *K. Koenen*, Wer sieht wen, 468–474. Ausführlicher lautet seine Übersetzung: »›Du bist der Gott, der mich ersieht (= errettet)‹, denn sie sagte: ›Wahrlich, hier habe ich auf den gesehen (= ist der mir begegnet), der mich ersieht (= der mich errettet)‹« (472).

über freuen, daß Gott sie, die Fremde, die Ägypterin, nicht im Stich läßt. Wenn Hermann Gunkel im Blick auf Gen 12, 1–10 recht hat, daß die Hörer der Geschichte erwarteten, Gott werde Abraham auch in Ägypten nicht im Stich lassen, sondern mit Frau und reicher Habe wieder zurückbringen, so würde eine solche Hörererwartung in dieser Geschichte enttäuscht. Denn Abraham und Sara bleiben kinderlos zurück, der Fremden jedoch wurde eine Gottesbegegnung und -verheißung zuteil. Die Schwachen und Hilfebedürftigen, denen Jahwe beisteht, können durchaus die anderen, die in Israel nicht gerade beliebten Ägypter sein. Wir denken an Amos 9,7: »Seid ihr mir nicht wie die Kuschiten, ihr Israelsöhne? Habe ich nicht Israel aus dem Land Ägypten heraufgeführt – und die Philister aus Kaptor und Aram aus Kir?«

Wenn wir mit Westermann annehmen, daß der Erzähler zwei Geschichten miteinander kombiniert habe[32], dann ergibt sich folgendes: An eine »Streitgeschichte« ist eine Erzählung vom Typ »Ein Gottesbote verheißt einen Sohn« angeschlossen worden. Das paßt nicht ganz, denn eigentlich dürfte Hagar noch gar nicht schwanger sein. Das Neue, das sie erfährt, ist nur einerseits die Tatsache, daß das Kind männlich sein wird, und andererseits, daß es viele Nachkommen haben und ein wildes Leben führen wird. Diese Veränderung der Tradition nimmt der Erzähler in Kauf, weil ihm daran liegt, seine Hörer zu dieser doppelten Identifikation mit den beiden Frauen zu führen, zu dem »audiatur et altera pars«, zu den beiden Seiten der Gerechtigkeit.

d) Hagars Vertreibung – die zweite Version (Gen 21,9–21)

Von dieser kombinierten Sara-Hagar-Erzählung hat es gewiß viele Varianten gegeben, wie das die mündliche Überlieferung so mit sich bringt. Um eine weitere davon in die Sammlung aufnehmen zu können, hat der Redaktor Hagar auf Weisung des Gottesboten wieder zu Sara zurückkehren lassen[33]. Bei der zweiten Vertreibung hat Hagar bereits ihren Sohn Ismael geboren und Sara ihren Isaak. Die Geschichte beginnt mit dem Fest der Entwöhnung Isaaks, was

---

32 *C. Westermann*, Genesis 12–36, 282.
33 Gen 16,9.

Frauen in der Patriarchenzeit 41

damals üblicherweise geschah, wenn die Kinder drei Jahre alt waren.
Sara will ihren Sohn als alleinigen Erben haben und verlangt von ihrem Mann, daß er seine Sklavin/Konkubine fortschickt. Hatte Abraham in Kap. 16 aus Entscheidungsschwäche die Sache von sich weggeschoben, so möchte er hier den Sohn – nicht unbedingt die Magd – gern behalten. Doch gegen die Übermacht seiner Frau und eines Gottesbefehls kommt er nicht an. Also schickt er Hagar mitsamt ihrem Sohn, Brot und Wasserschlauch in die Steppe.
Der Erzähler ermöglicht uns eine starke Identifikation mit der Mutter, die kein Wasser mehr im Schlauch hat und keinen Brunnen findet, also mit ihrem Kind verdursten muß. Wir atmen erleichtert auf, als der Gottesbote eingreift und der Frau eine Wasserstelle zeigt. Nun kann der Junge in der Steppe aufwachsen und ein Bogenschütze werden. Der Schlußsatz, daß seine Mutter ihm eine Frau aus dem Land Ägypten nimmt, zeigt uns, daß Hagar auch in dieser Variante als unabhängige Frau weiterlebt.
Hier kommt Sara viel schlechter weg als in Kap. 16. Denn nicht die Bedrohung ihrer Würde treibt sie zum Handeln, sondern schlicht die Eifersucht auf das Kind der anderen Frau. Abraham hingegen befindet sich im Konflikt zwischen der Liebe zu seinem Sohn Ismael und der Zwangslage, Sara gehorchen zu müssen. Hagar hat sich nichts zuschulden kommen lassen. Sie ist die unschuldig Leidende, und die Gottheit nimmt sich ihrer an. Steht in Gen 16 Frauenstolz gegen Frauenstolz, so hier Eifersucht gegen unschuldiges Leiden. Dies sind mögliche Aspekte im Leben von Frauen. Doch wenn wir Gen 16 für die ältere und Gen 21 für die jüngere Form der Erzählung halten, dann könnte sich der Unterschied daraus erklären, daß sich in den 200 Jahren dazwischen die Frauen geändert haben.
Zusammenfassend läßt sich zu den Sarageschichten sagen, daß sie uns eine patriarchale Gesellschaft vor Augen stellen, in der die Frauen bereits unter dem Joch der Ideologie des Kinderkriegens stehen, das allein ihnen ihren Lebenssinn eröffnet. In die Konflikte, die sich daraus ergeben, verschaffen uns die Erzählungen einen Einblick. Es sind Konflikte nicht nur für die Frau, sondern auch für den Mann, den Patriarchen, der die Entscheidung oft lieber anderen überlassen möchte, als sie selbst zu treffen. Die einzige Frau,

die es wagt, unabhängig vom Mann zu leben, ist die Ägypterin Hagar. Ob sich darin kulturgeschichtlich die weit selbständigere Stellung der Frau in Ägypten widerspiegelt?[34]

2. Lots Töchter schlafen mit ihrem Vater (Gen 19,30–38)

Als eine israelitische Erfindung zur Verunglimpfung von Moab und Ammon hat die ältere Exegese[35] diese Geschichte aufgefaßt, die erzählt, wie die Töchter Lots von ihrem Vater schwanger werden. Jüngere Exegeten[36] bewerten sie hingegen positiv, weil hier zwei Frauen gezeigt werden, die sich in verzweifelter Lage zu helfen wissen. Möglicherweise – so Hermann Gunkel – wollten die Moabiter und Ammoniter mit dieser Erzählung ihre Ahnfrauen rühmen[37]. Claus Westermann stellt Lots Töchter in eine Reihe mit Hagar (Gen 16), Rebekka (Gen 27) und Tamar (Gen 38), die er als rebellische Frauen beschreibt. Er zieht daraus die Schlußfolgerung:

»Es geht um das eigene Kind und darin um die den Frauen einzig mögliche Zukunft: Wahrscheinlich müssen wir ... die vorherrschende Auffassung revidieren, daß schon in der Vorzeit Israels der Mann alleinbestimmend war ... Auf jeden Fall aber hatten die Frauen in der Väterzeit eine größere Bedeutung, als allgemein angenommen wird.«[38]

Stillschweigende Voraussetzung unserer Geschichte ist das Inzest-Tabu: das Verbot des Geschlechtsverkehrs in der direkten Verwandtschaft.
Dieses Tabu beruhte im Altertum kaum auf der Erkenntnis, daß genetische Schäden auftreten können, wenn verdeckte negative Erbanlagen durch solch nahe Verwandtschaft aufeinandertreffen und manifest werden können. Es war wohl in erster Linie ein Erfordernis zum Schutz der Frauen im gemeinsamen Wohnraum der Großfamilie, in der Höhle,

---

34 Vgl. dazu *E. Brunner-Traut*, Stellung, 312–337.
35 Z.B. *A. Dillmann*, Genesis, 1875, 287; *E. Reuß*, Geschichte, 250, Anm. 3: Ammon und Moab werden als »Hurenkinder, Kinder der Blutschande« verhöhnt; *G. Hölscher*, Geschichtsschreibung, 35.
36 Z.B. *H. Gunkel*, Genesis, 218; *G. von Rad*, Genesis, 191; *C. Westermann*, Genesis 12–36, 380ff.
37 *H. Gunkel*, Genesis, 218.
38 *C. Westermann*, Genesis 12–36, 385.

im Langhaus oder wo immer man sonst gemeinschaftlich wohnte. Da es kaum Möglichkeiten der Absonderung gab, wären die Frauen sonst ständiger sexueller Belästigung ausgesetzt gewesen.
Die beiden Töchter Lots kennen den Wein als Mittel, das dem Vater das Bewußtsein nimmt und ihn wohl sexuell stimuliert – auch wenn letzteres nicht ausdrücklich gesagt ist. Mit Hilfe des Weins können sie das Tabu überspielen. Für sie selbst ist die Übertretung ein Entschluß aus Einsicht in die Notwendigkeit, also ein Ausbruch in die Freiheit, wo die Lage die Übertretung der Tabuvorschriften erfordert.

Exkurs: Zu den Ausdrücken für den Geschlechtsverkehr im Hebräischen

škb (»schlafen«)
Ich gehe von einer Beobachtung im hebräischen Text der Geschichte von Lots Töchtern aus. Das Verb *škb* (»schlafen«) begegnet in zwei Varianten: *škb ʿim* (»mit jemandem schlafen«), *škb ʾaet* (»jemanden beschlafen«).
Das erste bezeichnet ein Verhältnis auf Gegenseitigkeit, das zweite ein Tun, bei dem der andere zum Objekt gemacht wird, das also nahe an Vergewaltigung grenzt. Es macht die sexuelle Handlung jedenfalls nicht von der Zustimmung des anderen abhängig.
In der kleinen Erzählung kommt *škb* 5mal vor, davon 3mal *škb ʿim* und 2mal mit dem Akkusativobjekt. Wo die ältere Tochter der jüngeren ihren Vorschlag macht, steht das freundlichere *škb ʿim* (»mit dem Vater schlafen«) (Gen 19, 32.34.35). Wird dagegen ihre Tat selbst erzählt, steht *škb ʾaet* (19,33.34). Der Vater hat im Rausch von dem Vorgang nichts bemerkt, er war das willenlose Objekt seiner Töchter. Nur in 19,35, wo der Vorgang mit der jüngeren Tochter berichtet wird, steht *škb ʿim*, wo man analog des Vorgangs mit der älteren Tochter *škb ʾaet* erwarten möchte. Wieso dies so ist, vermag ich nicht zu erklären.
Doch werfen wir einen Blick in das Alte Testament. Hier begegnet uns der dargestellte Unterschied im Gebrauch von *škb ʿim* und *škb ʾaet* sehr deutlich in 2Sam 13. Amnon, Davids ältester Sohn, begehrt seine Halbschwester Tamar. Mit List gelingt es ihm, in seinem Schlafzimmer mit ihr allein zu sein. Er fordert sie auf: »Komm, schlaf mit mir, meine

Schwester!« (2Sam 13,11) Sie weigert sich, aber er zieht sie mit Gewalt ins Bett und »beschläft sie« (13,14). Ähnlich wie Amnon fordert auch Potiphars Frau Joseph auf: »Schlafe mit mir!« (Gen 39,7ff) Hingegen finden wir den Ausdruck *škb 'aet*, als Šechem Dina, Jakobs Tochter, vergewaltigt (Gen 34,2.7); desgleichen, wenn Ruben zu Bilha, Jakobs Nebenfrau, ins Bett geht (Gen 35,22). Entgegen moderner Deutung, z.B. in dem Roman »Bathseba« von Torgny Lindgren[39], ist Batšeba, die Frau Urijas, nicht von David vergewaltigt worden, sondern *škb 'im* signalisiert, daß sie nach Meinung des Erzählers damit einverstanden war, mit ihm zu schlafen (2Sam 11,4).

Diesen klaren Unterschied im Gebrauch von *škb 'im* und *'aet* finden wir allerdings nur in den älteren Sprachschichten des Hebräischen (10./9. Jh. v.Chr.)[40].

In späteren Texten, zu denen ich auch das Bundesbuch (Ex 20–22) und das Deuteronomium rechne, wird bei der Aufzählung sexueller Vergehen bzw. Verbote durchgehend *škb 'im* verwendet[41].

Hingegen gebraucht die Priesterschrift in Lev 18–20 immer nur *škb 'aet*, typisch für die Frauenfeindlichkeit dieser priesterlichen Kreise, für die eine Frau nur das Objekt männlicher Lust ist.

Noch eine Anmerkung: Nur in der Erzählung von Lots Töchtern ist eine Frau das Subjekt von *škb*, an allen anderen Stellen ist es immer ein Mann.

bw' 'ael (»zu jemandem [hin]eingehen« oder »kommen«)
Als Lots ältere Tochter ihren Entschluß begründet, sagt sie: »Unser Vater ist alt, und es ist kein Mann mehr im Lande, der zu uns kommen könnte nach dem Brauch aller Welt.« (Gen 19,31)[42]

---

39 *T. Lindgren*, Bathseba, 1984.
40 Zu der Literatur, die in der frühen Königszeit, also im 10.–9. Jh. v.Chr. entstanden ist, rechne ich fast das ganze 2. Buch Samuel, die älteren Texte von Josua, Richter und 1. Samuel sowie diejenigen Teile von Genesis, Exodus und Numeri, die man als Quelle J (= Jahwist) bezeichnet. Die Datierung dieser literarischen Schicht ist stark umstritten, doch meine ich gute Gründe für die Frühdatierung zu haben.
41 Ex 22,15.18 (Bundesbuch); Dtn 22,23.25.28.29; 27,20.21.22. 23. Die Ausnahme Dtn 28, 30 ist textlich unklar.
42 Übersetzung nach *C. Westermann*, Genesis 12–36, 378.

»Zur Frau eingehen« scheint mir ein sehr alter Ausdruck zu sein, der in die Tage der Beena-Ehe hineinreicht. Er ist schillernd, insofern er sowohl das Eintreten des Mannes in das Zelt oder Haus der Frau bezeichnet als auch den Geschlechtsverkehr. Das erklärt sich meines Erachtens am leichtesten aus der Zeit, als der Mann zu der Frau hinging, als er sie also noch nicht in sein Haus geholt hatte.

Dazu paßt, daß der Ausdruck *bw' 'ael* für den Geschlechtsverkehr am häufigsten in der eben genannten älteren Literaturschicht des Hebräischen begegnet und nur selten außerhalb. Ich nenne die Sarageschichte in Gen 16, Jakob und seine zwei bzw. vier Frauen in Gen 29 und 30, desgleichen Juda bei Tamar in Gen 38 sowie Simson in Ri 15,1 und 16,1.

Abner geht zu Rizpa, der Nebenfrau Sauls (2Sam 3,7), und Ahitopel fordert Absalom auf, mit den zehn Nebenfrauen zu verkehren, die David in Jerusalem zurückgelassen hat (2Sam 16,21). Die Stelle in 2Sam 17,25, wo es heißt, Amasas Vater sei zu Abigail eingegangen, wird uns noch in anderem Zusammenhang beschäftigen[43].

Nur in Gesetzestexten gebraucht das Deuteronomium den Ausdruck (Dtn 21,13; 22,13; 25,5) nicht in seiner eigenen Sprache. Die Priesterschrift meidet ihn völlig. Nur im Buch Rut, das gern altertümliche Wendungen aufgreift, kommt er in der späteren Literatur vor (Rut 4,13). Was mag zu dieser eigenartigen Änderung des Sprachgebrauchs geführt haben? War der Ausdruck *bw' 'ael* so eng mit der Beena-Ehe verbunden, daß er mit ihrem Verschwinden ebenfalls außer Kurs kam? Oder wurde er als zu derb, zu unfein empfunden und deshalb gemieden? Beides kann durchaus nebeneinander der Fall gewesen sein.

lqḥ (»nehmen«)
Ähnlich ambivalent wie *bw' 'ael* ist der Begriff *lqḥ* (»nehmen«). Er gehört zur Ba'al-Ehe und bezeichnet deren zweiten Akt, nachdem im ersten der Ehevertrag geschlossen wurde. Kürzere oder längere Zeit danach führt der Bräutigam seine Braut in sein Haus, nimmt sie zu sich. So bei Simson im Gespräch mit seinen Eltern, einem jüngeren Bestandteil der Erzählung (Ri 14,2). Ganz klar wird die

---

43 Siehe unten S. 130.132.

Unterscheidung in Dtn 20,7, wo es bei der Musterung zum Kriegszug heißt: »Und wer sich eine Frau verlobt hat (*'rṣ*) und sie nicht genommen hat ...«
Dagegen heißt es in Gen 24,67, je nach Textherstellung, daß Isaak die vom Knecht erworbene Ribka ins Zelt führte, sie nahm und sie so seine Frau wurde. *lqḥ* kann also umfassend den gesamten Vorgang der Heirat einschließlich des Geschlechtsverkehrs als auch speziell diesen selbst bezeichnen, steht jedoch am häufigsten für den Akt der Heimholung der Braut. Die Bewegungsrichtung geht zum Mann hin. Wir können auch sagen: *bw' 'ael* gehört zur Beena-Ehe, *lqḥ* zur Ba'al-Ehe.

šgl (»beschlafen«); qrb 'ael (»sich nahen«); jd' (»erkennen«); b'l (»sich vermählen«); glh 'aerwat 'iššā (»die Scham der Frau aufdecken«)
Nur viermal kommt *šgl* (»beschlafen«) im Alten Testament vor, doch immer mit unsicherer Lesart, weil das Qere *škb* (»beiwohnen«) lesen möchte. Doch ziehe ich das Ketib vor, da die Änderung offenbar an allen vier Stellen ganz bewußt vorgenommen wurde und die Ersetzung umgekehrt nicht verständlich wäre. Auch wäre Dtn 28,30 die einzige Stelle im Deuteronomium, wo *škb* mit Akkusativ stünde. In Jes 13,16; Jer 3,2 und Sach 14,2 hat *šgl* einen deutlich verächtlichen Beiklang.
»Sich der Frau nähern« (*qrb 'ael*) ist ein sehr viel feinerer Ausdruck als das derbe »zu ihr eingehen«. Wir finden ihn in Gen 20,4 – wohl in einer späten Glosse –, wo Abimelech betont, daß er sich Sara nicht genaht habe. Das wird dann in der Gottesrede (V. 6) variiert: »Deshalb habe ich dir nicht gestattet, sie zu berühren« (*ng' 'ael*).
In Dtn 22,14 erklärt der Mann nach der Hochzeitsnacht: »Diese da habe ich genommen (= geheiratet), und ich nahte mich ihr und fand an ihr nicht das Zeichen der Jungfrauenschaft ...«
Die Handlung selbst wurde im vorhergehenden Vers mit *bw' 'ael* erzählt; in der öffentlichen Rede drückte man sich also so fein wie möglich aus. Ebenso vornehm redet Jesaja davon, daß er sich der Prophetin genaht habe und sie schwanger geworden sei (Jes 8,3). Dazu ist Ez 18,6 zu vergleichen.
Wenn Mose den Israeliten am Sinai eine dreitägige Heiligung verordnet, die ihnen verbietet, sich einer Frau zu nahen, so

steht hier statt *qrb 'ael* das Verb *ngš* (»sich nähern«), das ich sonst nicht in sexueller Bedeutung gefunden habe[44]. In Lev 18,6.14.19 wird »sich nahen« mit dem Ausdruck »die Blöße der Frau aufdecken« verbunden, was in der Priesterschrift ein beliebter Ausdruck für den Geschlechtsverkehr ist (in Lev 18 steht er 17mal, in Lev 20 7mal).

In späteren Texten – die ältesten scheinen mir Dtn 21,13; 24,1 zu sein, ansonsten in Jes 54,5; 62,5; Mal 2,11; Prov 30,23 – kommt *b'l* als Ausdruck für Vermählung und Geschlechtsverkehr vor. In Jes 62,4f wird es als Bild für Jahwes Verhältnis zum Land Israel gebraucht.

Zusammenfassend wird man sagen können, daß in den älteren Sprachschichten die Ausdrücke derber sind als in der späteren Zeit. Man bemüht sich um die vornehmere Umschreibung anstelle des alten *škb 'im* und *bw' 'ael*.

Das gilt auch für die Verwendung von *jd'* (»erkennen«) für den Geschlechtsverkehr. Willy Schottroff spricht von einem »Euphemismus«[45]. Doch ist zu beachten, daß wir dieses Verb viel häufiger mit Verneinung finden als positiv gebraucht. Daß eine Jungfrau »noch keinen Mann gekannt hat« findet sich in Gen 19,8 (Lots Töchter), 24,16 (Ribka), Ri 11,39 (Jiptahs Tochter) und Ri 21,12 (400 Jungfrauen in der Stadt Jabeš); vgl. auch Num 31,18.35. Daß ein Mann eine bestimmte Frau nicht (mehr) erkannt hat, steht in Gen 38, 26 (Juda im Blick auf Tamar) und in 1Kön 1,4 (David im Blick auf Abišag). Der positive Gebrauch findet sich nur in Gen 4,1.17.25, wo Adam bzw. Kain ihre Frau erkennen, und in 1Sam 1,19 (Elkana im Blick auf Hanna). In homosexuellem Kontext steht »erkennen« in Gen 19,5 und Ri 19,22; ferner in Ri 19,25 in nicht homosexueller Bedeutung. Aus der sexuellen Konnotation von *jd'* (»erkennen«) wird oft die Feststellung abgeleitet, daß *jd'* im Hebräischen keinen oder nicht vorwiegend kognitiven Charakter habe, sondern auf die personale Beziehung hinweise. Die Folgerung mag stimmen, doch bei der Prämisse muß bedacht werden, wie selten *jd'* im Alten Testament in dieser sexuellen Bedeutung vorkommt, daß es also keinen typischen Charakter hat.

---

44 Ex 19,15.
45 W. *Schottroff*, Art. *jd'*, 691.

3. Ribka (Rebekka) und ihre Zwillinge

Wir finden in der Genesis vier Geschichten, in denen Ribka vorkommt, stets zusammen mit Isaak, ihrem Mann. In Gen 24 erscheint dieser allerdings erst ganz am Ende der Erzählung. Isaak ohne seine Frau kommt nur in der Geschichte vom Brunnenstreit mit den Philistern vor (Gen 26,12–22); die Isaak-Ribka-Erzählung von Gen 26,1–11 stellt eine Parallele zu Gen 12 und 20 (Abraham und Sara in Ägypten bzw. im Philisterland) dar, so daß wir sie hier außer Betracht lassen, zumal Ribka hier wie dort nur das Objekt zum Reden und Tun der Männer ist.

Dazu nur eine Bemerkung: In der Zeit, als diese Version formuliert wurde, war offensichtlich der Gedanke, der Erzvater habe seine Frau preisgegeben und diese sei im Haus und Bett eines anderen gelandet, so unerträglich, daß der Philisterkönig diesen Sachverhalt rechtzeitig erfährt und dementsprechend Isaak nur Vorwürfe wegen seiner Lüge macht, die Abimelechs Land leicht ins Unglück hätte bringen können. Erzählt man sich in der alten Zeit Israels unbefangen Schwänke über die Vorfahren, so sind diese in späterer Zeit geradezu ›Heilige‹, die weder lügen noch sich sonst viel zuschulden kommen lassen dürfen.

In den verbleibenden drei Geschichten lernen wir Ribka kennen als heiratsfähige Jungfrau (Gen 24), als von Unfruchtbarkeit geplagte Ehefrau (Gen 25) und als energische, ihren Lieblingssohn bevorzugende Mutter (Gen 27).

a) Eine erfolgreiche Reise (Gen 24)

Am Brunnen trifft Abrahams Hausverwalter, der Isaak eine Frau erwerben soll, das heiratsfähige Mädchen. Von weiteren Personen am Brunnen ist nicht die Rede, anders als in Gen 29,1ff, wo Raḥel die anderen Hirten am Brunnen trifft, und in Ex 2, wo sich Zippora mit ihren Schwestern am Brunnen einfindet, und anders als in 1Sam 9,11–13, wo Saul mehreren Frauen am Brunnen begegnet. Der Brunnen ist ein Treffplatz, an dem sich heiratsfähige junge Mädchen allein, ohne Schutz und Aufsicht, einfinden können. Das zeigt uns ein Milieu, in dem die Frau durch ein starkes Tabu vor Belästigungen geschützt wird und sich deshalb frei bewegen kann. Noch bedarf es keiner Rechtssätze zu ihrem Schutz.

Frauen in der Patriarchenzeit 49

Ribka tritt uns in dieser Geschichte als das ideale Mädchen entgegen: Jungfrau, schön und gutherzig, kräftig und arbeitsam. Denn zehn durstige Kamele zu tränken ist eine ganz gehörige Anstrengung. In der ältesten Form der Erzählung lag bei ihr die Entscheidung, ob sie Abrahams Hausverwalter in das ferne Land zu einem unbekannten Mann folgen wolle (Gen 24,58). In der vorliegenden Fassung bezieht sich die Frage an sie nur noch darauf, ob sie gleich oder später dem Brautwerber folgen will (Gen 24, 55–58). Hermann Gunkel versteht diesen Text als Ausnahme und begründet dies so, Ribka sei hier lediglich wegen der großen Entfernung um ihre Einwilligung gefragt worden[46]. Andererseits steht für Ribkas Bruder Laban und Abrahams Knecht die Fügung Jahwes so fest, daß einer anderen Entscheidung gar kein Raum gegeben werden kann[47]. Doch mag dieser Widerspruch mit den Bearbeitungen der Erzählung zusammenhängen.

Die Frage nach Ribkas Einwilligung halte ich nicht für das Merkmal einer späteren Liberalität, sondern für den Rest einer ursprünglich selbständigeren Rolle der Frau, die nicht einfach zwischen Vater, Bruder und Brautwerber verschachert werden konnte.

b) Die Geburt der Zwillinge (Gen 25,21–26)

Erst keine Kinder und dann gleich zwei Söhne – so geht es Ribka. Der Abschnitt dient der Vorbereitung der folgenden Jakob-Esau-Erzählungen und will ihre Rivalität auf die Zeit zurückführen, als sie sich noch im Mutterschoß befanden. Doch hat der Erzähler hinter Jakob und Esau immer die zwei Völker Israel und Edom gesehen. Die Einfügung eines Völkerorakels in diese Geburtsgeschichte ist daher logisch[48].

46 *H. Gunkel*, Genesis, 259.
47 Gen 24,50f.
48 *C. Westermann*, Genesis 12–36, 505 meint, daß der Erzähler hier eine alte Familiengeschichte ins Politische umdeutet, indem er hinter Jakob und Esau die Völker Israel und Edom sieht und logischerweise hier ein Völkerorakel einbaut. Damit kann er recht haben. Hingegen kann ich *M.-S. Heister*, Frauen, 26f nicht zustimmen, die hier priesterliches Denken finden will. Im priesterlichen Denken der exilisch-nachexilischen Zeit hat jedoch eine Frau, die ein Orakel einholen will, keinen Platz, weil Opferkult und Frauen streng voneinander geschieden sind.

Exkurs: 'tr (»beten, beschwören«)
Im deutschen Text der Lutherbibel heißt es in Gen 25,21 ziemlich harmlos, Isaak habe für seine Frau gebeten oder gebetet, doch wird das dem hebräischen Wort *'tr* keineswegs gerecht. Das Verb *'tr* kommt im Alten Testament besonders bei Moše vor, wenn er auf Bitten Pharaos um das Aufhören einer Plage fleht[49]. Zu Recht weist Rainer Albertz darauf hin, daß es sich bei *'tr* nicht um gewöhnliches Beten handelt, sondern um ein beschwichtigendes Einwirken auf den erzürnten Gott, das mit Gebet nichts zu tun zu haben braucht. »Ohne Zweifel, hier zeigen sich deutliche Züge ›religiöser Magie‹«[50].
Schon Julius Wellhausen[51] hat darauf hingewiesen, daß das arabische Äquivalent *'atara* (»Opfer schlachten«) heißt. Die Bedeutungsgeschichte der Wurzel *'tr* wird also etwa so verlaufen sein, daß sich aus der Urbedeutung »durch eine magische Handlung die Gottheit zu etwas bestimmen« im Arabischen die Bedeutung »opfern«, im Hebräischen die Bedeutung »betend beschwören, beten« herauskristallisiert hat. An späten Stellen wie Jes 19,22 und in den Büchern Hiob, Esra und 1.–2. Chronik steht das Verb einfach für »beten«. Bemerkenswert ist, daß *'tr* in den vielen Opfervorschriften des Alten Testaments niemals vorkommt. Niemals wird die Tätigkeit eines Priesters mit *'tr* bezeichnet. Wie ist das zu erklären? Wenn wir an Isaak in Gen 25 und Manoaḥ in Ri 13 als Hausväter denken, an Moše und David als in den Großbereich des Volkes erweiterte Hausväter[52], dann sieht es so aus, als habe *'tr* eine derart feste Bindung an die ›priesterliche‹ Stellung des Hausvaters gehabt, daß man in einer Zeit und Umgebung, wo sich eine Priesterkaste fest etabliert und das Monopol für kultische Handlungen erobert hatte,

---

49 Ex 8,4.5.24.25.26; 9,28; 10,17.18.
50 R. *Albertz*, Art *'tr*, 386. Weiter behauptet Albertz, daß es bei solch einem Eintreten für einen anderen eines Gottesmannes bedürfe. Doch hätte er das meines Erachtens genauer bestimmen sollen. Als Gottesmann mag Moše gelten – doch auch Isaak? Oder David, von dem zwei Handlungen berichtet werden, durch die sich Jahwe/Elohim »erbitten« oder besser: »beschwören« ließ? Es handelt sich um die Opferung der sieben Saulsnachkommen in 2Sam 21 zur Abwendung der Dürre und um den Schutz Jerusalems vor der Pest durch das Opfer in 2Sam 24.
51 J. *Wellhausen*, Reste, 118.142.
52 2Sam 21,14; 24,25.

von diesem Verb nichts wissen wollte. Das ist für die Religionsgeschichte Israels eine aufschlußreiche Beobachtung.

Mit derselben Unbefangenheit, mit der der Erzähler die beschwörende Tätigkeit des Hausvaters nennt, berichtet er, wie Ribka zu einem Heiligtum oder einem Seher geht, um sich ein Orakel geben zu lassen. Sie schickt nicht etwa ihren Mann dorthin, um sich das Getobe in ihrem Leib erklären zu lassen. Ob wir das mit Maria-Sybilla Heister eine »unmittelbare Gottesbeziehung« der Frau nennen wollen, ist eine andere Frage[53]. Für mich sind Orakeleinholung und Gottesbeziehung nicht unbedingt deckungsgleich. Aber es handelt sich eindeutig um eine selbständige religiöse Handlung der Frau.

c) Der Segen für den Lieblingssohn (Gen 27)

In der letzten Geschichte, in der uns Ribka begegnet, hat sie ihren ganz großen Auftritt. Es geht um ihren Liebling Jakob, dem sie zum Erstgeburtssegen verhilft, obwohl er bei der Geburt als Zweiter herauskam, seinen Zwillingsbruder an der Ferse haltend[54]. Claus Westermann stellt die Sache so dar, als habe Ribka aus Empörung über die Ungerechtigkeit gehandelt, daß von Zwillingen einer schwer benachteiligt wird, nur weil er ein paar Minuten später zur Welt kam[55]. Damit sei auch die Kritik an der Ausschließlichkeit gegeben, mit der der Erstgeborene vor all seinen Brüdern bevorzugt wird, indem er Segen und Erbe erhält. Insofern gehört Ribka in Westermanns Augen zu den rebellischen Frauen. Obwohl mir dieser Gedanke sehr gut gefällt, möchte ich ihn doch bestreiten. Im Text ist kein Wort von dieser Motivation Ribkas zu finden. Dort ist nur von der Vorliebe der Mutter für den zivilisierten, glatten Jakob die Rede, während Isaak den rauhen, der Wildnis zugetanen Esau bevorzugt. Dahinter steckt eine interessante Zuordnung von Mann und Frau an verschiedene Lebensbereiche.

53 *M.-S. Heister*, Frauen, 27.
54 Der Erzähler will den Namen Jakob (*ja'ᵃqōb*) mit *'āqēb* (»Ferse«) erklären. Doch heißt *'qb* auch »betrügen«. Vgl. Hos 12,3ff, wo Jakob als »Betrüger« gedeutet wird; dazu *J. Jeremias*, Hosea, 152f; *H.W. Wolff*, Hosea, 274.
55 *C. Westermann*, Genesis 12–36, 534.

Lesen wir die genauen Anweisungen, mit denen Ribka ihren Lieblingssohn Jakob für den Betrug präpariert, so gewinnt man den Eindruck, daß sie an alles gedacht hat – nur an eines nicht: an die Folgen ihres Plans. Deshalb muß sie später Jakob fortschicken mit dem verzweifelten Ausruf: »Warum soll ich denn euch beide an einem Tag verlieren!« (Gen 27,45)
Denn erst jetzt wird ihr klar, daß Esau, wenn er seinen Bruder tötet, vom Familiengericht seinerseits zum Tod verurteilt werden muß. So ist dies der Fall bei der fingierten Geschichte, welche die weise Frau aus Tekoa in 2Sam 14 David vorträgt. Ribka ist bei der Vorbereitung des Betrugs also zwar schlau, jedoch nicht eigentlich klug, weil sie nicht bedenkt, wie es danach weitergehen kann. Für sie ist die Hauptsache, daß Jakob den Segen bekommt. Weiter denkt sie nicht. Deshalb scheitert sie als Mutter, denn sie verliert ihren Liebling zwar nicht durch den Tod, wohl aber durch die Flucht vor seinem Bruder, und wird ihn nicht wiedersehen. Ob damit der Erzähler, wie Westermann meint[56], implizit ein moralisches Urteil über Ribkas Verhalten abgibt oder ob er einfach nur ihr Scheitern konstatiert, ist eine andere Frage. Immerhin hat er ihr Tun mit großer Freude geschildert, ja es liebevoll bis ins Detail ausgemalt.
Doch sollten wir beachten, daß der Erzähler seine Geschichte so gestaltet, daß er seine Hörer einen Identifikationswechsel vornehmen läßt, wie wir das bereits in Gen 16 bzw. 21 fanden.
Nachdem wir, die Hörer, erst mit Ribka und Jakob gebangt haben, ob der schlaue Plan wohl gelingen wird, ob Ribka nicht doch irgend etwas übersehen hat oder Jakob einen Fehler macht, so daß der Vater bemerkt, daß er nicht Esau vor sich hat, läßt uns der Erzähler im zweiten Teil der Geschichte mit Esau zu Jakob kommen und das Entsetzen der beiden Betrogenen miterleben. Dies ist meines Erachtens die stärkste Weise, in der man Unrecht bewußt machen kann: daß man eine Identifizierung mit den Unrecht Erleidenden herbeiführt. War das in Gen 16 bzw. 21 die Ägypterin Hagar, so ist es in der Ribka-Geschichte der ›Ausländer‹ Esau.
Wir haben es auch in dieser Geschichte mit einer absolut patriarchalen Familienstruktur zu tun. Der Mann gibt den

---

56 C. Westermann, Genesis 12–36, 540.

Segen an seinen ältesten Sohn weiter. Die Frau hat dabei nichts zu sagen. Sie kann sich nur der Waffen der Schwachen und Unterdrückten bedienen: der List und der Lüge. Der älteste Sohn ist der »Herr«[57] über seine Brüder. Es sieht so aus, als sei mit dem Patriarchat auch das »Herr sein über ...« in die Welt gekommen. Doch sage ich dies mit Vorsicht, weil wir über die Verhältnisse in der matrilinearen Familienstruktur zuwenig wissen.

4. Raḥel und Lea oder: »Die Sorgen eines Patriarchen« (Gen 29–31)

Aus dem Zyklus der Erzählungen, die von Jakob handeln, betrachten wir nur diejenigen, in denen seine Frauen auftreten: Lea und Raḥel. In den fünf Geschichten, um die es sich handelt, begegnen wir Raḥel allein in der ersten und in der letzten, während in der zweiten und dritten die beiden Schwestern Rivalinnen sind; hingegen handeln und reden sie in der vierten gemeinsam.

Während in der Sippe des Kleinviehnomaden Laban die matrifokale Familienstruktur noch durchscheint, insofern er den Schwiegersohn in seine Sippe aufnehmen und dabehalten will, handelt Jakob nach dem patrilinearen Prinzip, indem er mit seinen Herden und seinen Frauen in die Heimat zurückkehren will. Immerhin redet er vor der Flucht mit Lea und Raḥel, denn ohne ihr Einverständnis wäre der heimliche Abzug nicht durchführbar. Sonst jedoch ist er ein richtiger Patriarch, der Herr in der Baʻal-Ehe. Wer jedoch in der polygamen Ehe in Wirklichkeit etwas zu sagen hat, ist eine andere Frage. Hier kann der Mann leicht zum Spielball seiner Frauen werden.

a) Die Hirtin am Brunnen (Gen 29,1–14)

Jakob, der sich auf der Flucht vor seinem Bruder Esau befindet, trifft seine Cousine Raḥel, die Hirtin, am Brunnen und verliebt sich in sie. Raḥel hat nur eine einzige Tat zu vollbringen: heimzulaufen und ihrem Vater die Ankunft des Gastes zu melden.

---

57 Hebräisch $g^eb\hat{\imath}r$ (Gen 27,29).

Exkurs: Die Zeit des Erzählten und die Zeit des Erzählers
Hier möchte ich einen kleinen kulturgeschichtlichen Exkurs einschieben. In Gen 29,13 heißt es, daß Laban Jakob in sein Haus führt. Von diesem ist auch in Gen 31,37 die Rede. An anderen Stellen wie Gen 30,30; 31,14.30 werden wir *bajit* (»Haus«) am besten mit »Sippe« wiedergeben. Bei Jakobs Flucht vor Laban handelt es sich dann plötzlich um Zelte. Wie lebte also Labans Sippe? In einem Haus oder in Zelten oder je nachdem mal im Haus, mal in Zelten, wenn sie mit den Herden unterwegs waren? Ein Widerspruch scheint mir in dieser Hinsicht gerade in der Eingangsszene zu stecken. Man möchte annehmen, daß der Brunnen, aus dem vier Herden getränkt werden, sich irgendwo draußen in der Steppe befindet, aber nicht in der Nähe eines Hauses oder einer größeren Ansiedlung. Wenn aber Raḥel zu ihrem Vater eilt und er Jakob entgegenläuft, kann es sich nicht um allzu große Entfernungen handeln. Ein Zelt wäre dann viel besser angebracht als ein Haus. Mir scheint also das Haus in dieser Geschichte ebenso ein Anachronismus zu sein wie da Kalb, das Abraham den drei Männern schlachtet[58].

Anders gesagt: Das Bild des Erzählers und seiner Hörer von der Kultur ihrer eigenen Zeit schiebt sich unwillkürlich vor die Darstellung älterer und darum anderer Verhältnisse. Das gilt wohl auch für die »Zeit der Weizenernte« (Gen 30,14), in welcher Ruben die Mandragorafrüchte findet. Es scheint mir bedenklich, daraus zu folgern – wie es Gerhard von Rad tut –, die Väter hätten also bereits Ackerbau betrieben. Vielmehr müssen wir immer das Bild des Erzählers von seiner eigenen Zeit in Rechnung stellen, der weiß, daß die Mandragorafrüchte zur Zeit der Weizenernte reifen. Wenn wir uns selbst als Erzähler beobachten, werden wir bemerken, wie leicht auch wir solche Anachronismen produzieren.

Ziehen wir also aus irgendeiner biblischen Geschichte kulturgeschichtliche Folgerungen, so müssen wir uns fragen: Für welche Zeit gilt das? Für die Zeit des Berichteten oder für die Zeit des Erzählers? Wir sollten stets in Rechnung stellen, daß sich das Bewußtsein des Erzählers und seine Anschauungen vor das Dargestellte geschoben haben können. Lebt er in einer vom Patriarchat bestimmten Zeit, so tun das unwillkürlich auch seine Gestalten, selbst wenn in

---

58 Gen 18,7–8.

deren Lebenszeit das Patriarchat gar nicht so stark oder überhaupt noch nicht ausgebildet war. Nun haben sicher matrilineare und patrilineare Familienstrukturen auch nebeneinander bestanden, so daß in ein und derselben Erzählung Anzeichen für beides zu finden sein können. Wo wir solche Doppeldeutigkeit feststellen, müssen wir uns immer fragen: Beruht sie auf dem Nebeneinander in der Wirklichkeit oder beruht sie auf dem Umstand, daß der Erzähler seine eigenen Vorstellungen eingebracht hat?

b) Die untergeschobene Braut (Gen 29,14–30)

Was waren das doch für Zeiten, als die herangewachsenen Töchter selbst entschieden, wen sie in ihr Zelt eintreten ließen und wen nicht! Gewiß holten sie sich von der Mutter Rat oder wurden vom Bruder ermahnt, daß ihr Besucher auch beim Viehtränken helfen oder das nächste Mal doch bitte ein Ziegenböckchen mitbringen könnte. Sonst aber bereitete die Tochter ihrer Familie in der Zeit der matrilinearen Familienstruktur keine Sorgen.

In der patriarchalen Zeit ist dies nun anders. Jetzt muß der Vater seine Tochter erst einmal streng behüten, damit sie ihre Jungfräulichkeit nicht verliert, weil sonst der Brautpreis zu gering ausfällt. Zudem muß er sie ›an den Mann bringen‹. Wehe, wenn sie ihm dabei zu alt wird: eine ›Sitzengebliebene‹, ein ›Mauerblümchen‹, das niemand mehr haben will oder das er praktisch umsonst hergeben muß. Unverheiratet, ohne einen »Ba'al«, darf sie nicht bleiben. Das ist in der patrilinearen Familie nicht vorgesehen. Wenn sie also nicht sonderlich attraktiv ist, muß der arme Vater zu Tricks und Listen greifen, um sie ›unter die Haube‹ zu bringen.

Ein wunderschönes Beispiel solch schlauen Verfahrens bietet uns Laban, nachdem Jakob ihm vorgeschlagen hat, für sieben Dienstjahre seine jüngere Tochter zu heiraten. Daß Laban ihm mit Hilfe des Brautschleiers in der dunklen Hochzeitsnacht die Ältere unterschiebt – wer will dies dem besorgten Vater verdenken? Außerdem hofft er, mit derselben Klappe noch eine zweite Fliege zu schlagen. Wenn der tüchtige junge Mann noch weitere sieben Jahre bei ihm bleibt und seine Herden betreut, dann hat er sich seiner Sippe eingefügt und wird kaum noch ans Fortgehen denken. So läuft zunächst alles nach Labans Wunsch.

Der Konflikt beginnt jedoch, als Jakob anfängt, von seinen eigenen Herden zu reden, die er von den Herden des Onkels und Schwiegervaters trennen will. Das ist für Laban ›neues Denken‹. Daß diese Herden dann auch noch rascher anwachsen als Labans eigene, macht die Sache noch schlimmer. Streit ist vorprogrammiert[59].

c) Der Kampf um die Kinder (Gen 29,31 – 30,24)

Doch bleiben wir zunächst noch in der Zeit, in der Jakob nochmals sieben Jahre um Rahel dient und dann noch sechs Jahre um die Herden. Jetzt ist er der Geplagte, hat er doch seine Sorgen mit zwei Frauen, die sich im Wettstreit ums Kinderkriegen befinden und auch noch ihre Mägde als Waffe in diesem Kampf einsetzen. Jakob muß tun, was sie ihm befehlen. Seine Lieblingsfrau Rahel bleibt kinderlos, während die ungeliebte Lea bald mit Stolz auf ihre vier Kleinen blicken kann. Woher soll der arme Jakob wissen, daß Jahwe gerade dies gefügt hat, um der ›Verhaßten‹ einen Ausgleich gegenüber der ›Geliebten‹ zu geben[60]? Vielmehr muß er sich Rahels bittere Vorwürfe anhören: »Verschaffe mir Kinder! Wenn nicht, dann sterbe ich.«[61] Jakob schreit sie wütend an, er sei nicht Gott, in dessen Macht allein die Empfängnis stehe. Doch die schöne Rahel scheint kein großes Zutrauen zu Jahwe und seiner Macht zu haben. Weder veranlaßt sie ihren Mann, eine Beschwörung vorzunehmen, noch sucht sie ein Orakel auf, noch erstrebt sie die Hilfe des Teraphim, den sie später ihrem Vater stehlen wird. Statt religiöser Maßnahmen geht es um ganz weltliche Mittel: Ihre Leibmagd wird zu Jakob ins Bett geschickt, wie es einst Sara mit Abraham gemacht hatte. Nun fühlt sich Lea zurückgesetzt: Jakob schläft nicht mehr mit ihr[62]. Ihr Vorsprung an Kindern verringert sich von Jahr zu Jahr. Was bleibt ihr übrig? Sie bringt ihre Leibmagd ins Spiel. Das Resultat: 6 zu 2 für Lea.

Doch dann ereignet sich die Geschichte mit den »Liebesäpfeln«, die Ruben gefunden hat[63]. Die beiden Schwestern und

59 Gen 30,25–43.
60 Gen 29,31.
61 Gen 30,1ff.
62 Dies geht aus Gen 30,15 hervor.
63 Hebräisch *dūdaʾîm*. Die Mandragorafrucht ist mit dem Tabak und dem Stechapfel verwandt und gehört zu den Medikamenten der Antike;

Frauen in der Patriarchenzeit

Rivalinnen werden sich einig: Gegen die Liebesäpfel tritt Rahel ihren Mann für die Nacht an Lea ab.
»Und Jakob kam am Abend vom Felde zurück; da ging ihm Lea entgegen und sprach: ›Zu mir gehst du! Denn ich habe dich gemietet für die Liebesäpfel meines Sohnes.‹ Und er schlief mit ihr in dieser Nacht.«[64]
»Armer Jakob!« kann man da nur sagen. Heutzutage gibt es Männer, die gern die Polygamie einführen möchten. Wenn sie wüßten, was ihnen bevorstünde.
In vieler Hinsicht interessant sind die Namen der elf Söhne (Benjamin wird erst später geboren) und die Begründungen für die Namensgebung. Bei Levi, Juda und Gad gibt es nur eine Begründung, bei allen anderen deren zwei. Die eine ist ein Gotteslob, die andere ein Versuch, den Namen etymologisch zu erklären. Das Gotteslob richtet sich bei Ruben, Simeon und Juda an Jahwe. Bei Dan, Naphtali, Issachar, Sebulon und Joseph gilt der Dank Elohim, also »Gott«, bei Gad dem (Glücks-)Gott Gad und bei Aššer einer Gottheit wie Aššur oder Ašera. Da bei Levi der Dank an Jahwe vielleicht verlorengegangen ist, waren die Südstämme Ruben, Simeon, Juda und Levi bei dieser Zusammenstellung die Jahwe-Gläubigen, die Stämme in Galiläa und auf dem Gebirge Ephraim die Elohim-Verehrer und die Randstämme Aššer und Gad die Anhänger anderer Götter[65]. Nur bei Joseph finden wir sowohl Elohim als auch Jahwe, weil die zweite, die etymologische Begründung als Bitte an Jahwe formuliert ist.
Der zweite Typ der Begründungen, die Namensetymologien, verweisen auf den Wettstreit der Frauen. Dazu einige Beispiele:

»Jetzt wird mich mein Mann lieben« (Gen 29,32).
»Nun endlich wird mein Mann mir anhänglich sein« (Gen 29,34).
»Die Frauen werden mich beglückwünschen« (Gen 30,13).
»Jetzt wird mein Mann bei mir bleiben« (Gen 30,20).

Es handelt sich, wie man sieht, um nichtreligiöse Aussagen, die mit den religiösen sehr eng verschmolzen worden sind.

vgl. *G. von Rad*, Genesis, 257. Etwas anders *M. Zohary*, Pflanzen, 188f.
64 Gen 30,16.
65 Zum Namen Aššer vgl. *C. Westermann*, Genesis 12–36, 579; *I. Ljung*, Silence, 55.

Sie alle sind getragen von dem Bewußtsein, daß nur die Söhne der Frau ihren Wert geben und ein gutes Verhältnis zu ihrem Mann bewirken. Die Ideologie des Patriarchats hat sich voll durchgesetzt. Das gilt auch schon für die Zeit vor der Errichtung der Königsherrschaft. Denn während die Zusammenstellung des Zwölf-Söhne-Schemas kaum vor der Davidszeit erfolgt sein dürfte, weist die unterschiedliche Zuordnung der Gottesbezeichnungen an die süd/mittel- und ost/nordpalästinischen Stämme auf eine weit ältere Zeit hin.

d) Die aufmüpfigen Töchter (Gen 31,2–5.14–15.19.20–23.26–45)

Wir kehren zu dem Konflikt zwischen Laban und Jakob zurück. Jakob beschließt, mit Frauen, Kindern und Herden als ein gemachter Mann nach Hause zurückzukehren. Er bespricht das mit seinen beiden Frauen, die hier völlig einig sind und gegen ihren Vater zu ihrem Mann halten. Ihre Begründung: »Haben wir noch Teil und Erbe an unseres Vaters Haus? Gelten wir ihm nicht als Fremde? Denn er hat uns verkauft und längst das Geld dafür verbraucht.«[66]
Es ist interessant, in der Literatur zu beobachten, wie sich die Ausleger alles Mögliche einfallen lassen, um den Widerspruch zwischen der Erzählung von Jakob und Laban und diesem Spruch zu übertünchen. Weder hat Laban seine Töchter verkauft noch hat er Geld für sie bekommen. Wieso die Töchter keinen Anteil mehr an der väterlichen Sippe und deren Besitz haben, ist aus der Geschichte nicht zu erkennen. Claus Westermann hat zudem richtig gesehen, daß dem heutigen Prosatext eine metrische Form zugrunde gelegen haben muß. Er verweist mit Recht auf die Parallele in dem Lossagespruch vom Haus David, den wir in 2Sam 20,1 und 1Kön 12,16 finden: »Wir haben keinen Anteil an David, kein Los bei dem Sohn Isais.«
Obwohl Westermann in bezug auf Gen 31,14b.15 bemerkt, daß man hier wieder einmal die Bedeutung der Frau in der Gesellschaftsform der Väter sähe, unterläßt er meines Erachtens den zwingend nötigen Schritt, diesen Spruch aus seinem Erzählzusammenhang herausgelöst zu deuten. Ich gehe von der Annahme aus, daß dieser Spruch längst ge-

---

66 Gen 31,14b.15 (Übersetzung nach C. Westermann).

prägt vorlag, als ihn der Erzähler hier einfügte, und kulturgeschichtlich in eine völlig andere Situation gehört. Für sich genommen enthält der Spruch folgende Feststellungen:
– die Sprecher sind Frauen, also Sprecherinnen;
– sie sind aus ihrem Familienverband ausgegliedert worden und gelten dort als Fremde;
– der Vater hat sie gegen Geld weggegeben, d.h. gegen den Mohar (Brautpreis) einem Mann unterstellt;
– der Vater hat diesen Brautpreis verbraucht, anstatt ihn für die Lebenssicherung seiner Töchter aufzuheben.
Es handelt sich also um eine Klage von Frauen, die sich gegen die Lage empören, die durch die patriarchale bzw. patrilokale Ehe über sie gekommen ist. Sie sehen sich von ihrer Sippe verstoßen, in die Fremde ausgeliefert und wären doch lieber bei ihrer eigenen Familie geblieben. Diese jedoch nimmt den materiellen Vorteil wahr, den der Brautvertrag ihr bietet und kümmert sich nicht mehr um die Töchter. Hier klagen oder rebellieren also Frauen, die noch wissen, daß es nicht so sein müßte, wie es sie getroffen hat, die entsprechend dem matrifokalen System lieber bei ihrer Sippe geblieben wären als in die Sippe des Mannes überzugehen. Aus dem arabischen Raum ist eine ähnliche empörte Klage von Frauen bekannt:

»Nie soll eine Schwester ihren Bruder rühmen, nie eine Tochter den Tod des Vaters beweinen; denn sie haben sie dorthin gebracht, wo sie keine freie Frau mehr ist, und sie haben sie verbannt an die äußersten Enden der Erde.«[67]

In dem Spruch, der den Töchtern Labans in den Mund gelegt wurde, haben wir für den Kulturkreis Palästinas für sehr alte Zeit den Protest von Frauen vor uns, die gegen die Umwandlung der Familienstruktur rebellieren, ein Zeichen dafür, daß die Frauen ihre Unterwerfung unter den Mann in der Ba'al-Ehe doch nicht so widerspruchslos über sich haben ergehen lassen, wie es den Anschein hat. Klagend und anklagend wehren sie sich gegen den neuen Status, gegen die Preisgabe durch ihre Sippe.
Dieser Spruch paßt vor allem deshalb so schlecht in den Mund der Töchter Labans, weil in der Erzählung durch-

---

67 W.R. *Smith*, Kinship, 77.

schimmert, daß Laban gern seine Töchter behalten und Jakob in seine Sippe aufgenommen hätte. Das ergibt sich vor allem aus dem Ausspruch Jakobs, mit dem er seine heimliche Flucht vor Laban begründet: »Ich fürchtete mich und meinte, du könntest mir deine Töchter wegnehmen.«
Auch will der Erzähler uns deutlich machen, daß Labans Töchter freiwillig mit ihrem Gatten fortgezogen sind, ja ihren Vater zu allem auch noch bestehlen, indem sie seinen Hausgott, den Teraphim, entführen.

e) Der gestohlene Teraphim (Gen 31,19.30b–35)

Zu all den Vorwürfen, die Laban Jakob macht, als er ihn eingeholt hat, gehört auch der, er habe ihm seinen Teraphim gestohlen. Der Hörer der Geschichte weiß bereits, daß es Rahel war, die ohne Wissen Jakobs den Hausgott entwendete. Sonst hätte Jakob nicht im Bewußtsein seiner Unschuld Laban angeboten, seine Zelte zu durchsuchen. Bei dem Teraphim handelt es sich entweder um einen kleinen Hausgott, wie sie zu Tausenden in Palästina gefunden worden sind, oder um eine Gesichtsmaske, d.h. Gottesmaske. Als Laban durch die Zelte geht, um dieses Unterpfand seines Wohlergehens zu finden, wird er von seiner Tochter Rahel getäuscht, die den Teraphim unter oder in den Tragsessel gelegt hat, mit welchem Frauen oder Kranke zwischen zwei Tieren befördert werden konnten. So lautet jedenfalls die Erklärung bei Hermann Gunkel[68]. Sie selbst liegt über dem Teraphim in dem länglichen Tragsessel und entschuldigt sich scheinheilig bei ihrem Vater dafür, daß sie nicht aufsteht: Sie hat die Monatsblutung. Es wäre offenbar unanständig, den Vater die durchbluteten Lappen, auf denen sie liegt, sehen zu lassen. Weil der Vater ihr Verhalten respektiert, bleibt der Teraphim unentdeckt. Laban steht als der Blamierte da, obwohl er der Sache nach voll im Recht ist. Früher einmal, vor zwanzig Jahren, bei der Hochzeit, hatte er Jakob überlistet. Jetzt kann Jakob ihm, dem Betrogenen, eine triumphierende Rechtfertigungsrede halten. Am Ende schließen die beiden Männer Frieden.
Ob es sich, wie viele Kommentatoren behaupten, um eine Spottgeschichte über den Teraphim handelt, möchte ich of-

---

68 *H. Gunkel*, Genesis, 370.

fenlassen. Mir scheint wichtiger, wie begeistert der Erzähler von der Klugheit und Entschlossenheit einer Frau berichtet, die im entscheidenden Moment das Richtige tut, um sich und ihren Mann vor der Entdeckung des Diebstahls zu retten und den wertvollen Gegenstand behalten zu können. Wenn eine Erzählung bei ihren Hörern ankommen soll, dann ist eine gewisse und nicht zu knappe Übereinstimmung zwischen dem Erzähler und seinen Hörern notwendig. Also hatten auch die Hörer der Geschichte ihre Freude daran, wenn ein Mann von einer Frau, ein Vater von seiner Tochter überlistet wird, gerade indem sie die respektvolle Tochter heuchelt. Solche entschlossenen, listenreichen und furchtlosen Frauen muß es im Erfahrungsbereich der Erzähler und Hörer gegeben haben, wenn eine solche Geschichte glaubhaft sein und »ankommen« sollte. Daß ein Vorgang wie die Menstruation in der Erzählung vorkommt, zeugt von großer Unbefangenheit in sexuellen Dingen. Ich erinnere an Gen 18,11, wo es heißt, daß es Sara »nicht mehr nach der Frauenart« erging. Soviel zu Raḥel und Lea.

5. Männergewalt: Dina (Gen 34)

Die Erzählung von Dinas Vergewaltigung ist in ihrer Endgestalt voller Widersprüche. Dennoch wird von einigen wenigen Exegeten ihre Einheitlichkeit vertreten. Besser ist es, von zwei Quellen und Zusätzen oder von drei Grundbestandteilen auszugehen, wie es Hermann Gunkel, Gerhard von Rad und Claus Westermann tun, wenn auch mit unterschiedlichen Bewertungen.
Im alten Bestand der Geschichte entführt und vergewaltigt Šechem, der Stadtfürst von Šechem, Dina, die Tochter Jakobs und Leas. Er will die Sache wiedergutmachen, indem er dem Vater – oder ursprünglich den Brüdern Simeon und Levi[69] – einen Heiratsvertrag vorschlägt. Die Brüder aber stellen hinterlistig die Bedingung der Beschneidung und töten den im Wundfieber liegenden Šechem. Als ihr Vater sie zur Rede stellt, entgegnen sie: »Darf er denn unsere Schwester wie eine Hure behandeln?«[70]

---

69 *M. Noth*, Überlieferungsgeschichte, 93ff.
70 Gen 34,31.

Damit endet die Erzählung, die keinen Anschluß nach vorn oder hinten hat. Gunkel stellt fest, daß eine hebräische Erzählung niemals mit einem Fragesatz enden kann, und nimmt daher an, daß die Fortsetzung verlorengegangen sei[71]. Von Rad löst das Problem, indem er Gen 34,27–31 als späteren Zusatz erklärt, während die alte Erzählung mit V. 26, der Tötung Šechems und der Befreiung Dinas, endete[72]. Hingegen hält Westermann den jetzigen Abschluß für das Ende der alten Form der Erzählung[73]. Ich neige zu der Meinung von Rads und werde auf die Stelle zurückkommen, wenn wir uns im nächsten Kapitel mit dem Begriff »Hure« befassen.

Wenn Martin Noth recht hat, daß in der ältesten Form der Erzählung Jakob gar nicht vorkommt, sondern nur Dinas Brüder Simeon und Levi, dann gibt es zwei Hinweise auf verdeckte matrilineare Strukturen in dieser Geschichte: die starke Rolle der Brüder und die Forderung nach der Beschneidung. Letztere bedeutet, wenn sie nicht nur Kriegslist ist, daß Šechem das Sippenzeichen der Dina-Familie annehmen und also zu ihr gehören soll. Doch sind diese Hinweise bereits in der ältesten Fassung unserer Geschichte überlagert durch die patrilinearen Vorstellungen des Erzählers, zu denen Brautpreis und Morgengabe gehören.

Der Stadtfürst von Šechem geht von der Vorstellung aus, daß man eine durch seine Tat geschaffene Konfliktlage durch der Sitte entsprechendes Verhalten regeln kann, was durchaus der Rechtslage im späteren Israel entspricht[74]. Für Dinas Brüder aber gilt Vergewaltigung als eine Tabuverletzung, die nur mit Blut zu sühnen ist. Ein Mädchen steht unter dem unbedingten Schutz dieser Tabuvorstellung: »So etwas tut man nicht in Israel!«[75]

Zwei ganz unterschiedliche Rechts- und Kultursphären stoßen hier aufeinander: Dina ist in der Erzählung nur das Objekt männlichen Handelns. Nach ihren Empfindungen fragt zunächst weder Šechem – erst nach der Vergewaltigung redet er ihr »zu Herzen«[76] –, noch fragen ihre Brü-

71 *H. Gunkel*, Genesis, 370.
72 *G. von Rad*, Genesis, 292.
73 *C. Westermann*, Genesis 12–36, 662.
74 Ex 22,15f (Bundesbuch); Dtn 22,28f.
75 2Sam 13,12.
76 Gen 34,3.

der danach. Vielleicht wäre sie gern bei Šechem geblieben und mit ihm glücklich geworden – wer weiß.

6. Frauenlist: Tamar (Gen 38)

Während Dina in Gen 34 nur als Zankapfel zwischen Šechem und ihren Brüdern vorkommt, ohne ein einziges Handlungselement in der Erzählung, ohne eigenes Wollen und Wünschen, begegnet uns in Gen 38 mit Tamar eine Frau, die sich zum Subjekt der Handlung, zur Heldin der Geschichte macht. Sie gehört zu den außergewöhnlichen Frauen im Alten Testament. Oder sollten wir besser sagen: zu den Frauen, die als außergewöhnlich erscheinen, weil von dem, was Frauen in der alten Zeit gewöhnlich vollbrachten, sowenig überliefert ist, daß es als außergewöhnlich erscheint?
Wenn Hermann Gunkel, Gerhard von Rad, Ephraim Avigdor Speiser und Claus Westermann recht haben[77], war Tamar eine Kanaanäerin. Die Geschichte spielt also in einer Zeit und Gegend, in der die Eheschließung zwischen Kanaanäern und Israeliten so recht in Gang gekommen war. Auch Judas Frau war Kanaanäerin. Wir finden hier wie bei Hagar und Esau das Eintreten des Erzählers für Nichtisraeliten[78].
Die Leviratsehe, die im Alten Orient bei vielen Völkern üblich war, ist in unserer Erzählung als feste Sitte vorausgesetzt[79]. Sie geht von der Zugehörigkeit der Frau zur Sippe ihres Mannes aus. Dennoch wird Tamar – angeblich für eine Wartezeit – zu ihrer eigenen Familie zurückgeschickt, die offensichtlich in Enajim wohnt. Dennoch untersteht sie der Munt (der Rechtsgewalt und Fürsorge) ihres Schwiegervaters, von dem sie verklagt und gerichtet wird[80]. Die

---

77 *H. Gunkel*, Genesis, 412; *G. von Rad*, Genesis, 313; *E.A. Speiser*, Genesis, 300; *C. Westermann*, Genesis 37–50, 44.
78 Siehe oben S. 39f.52.
79 Mit Leviratsehe ist folgende Sitte gemeint, die es noch heute in manchen Kulturen gibt: Stirbt ein Mann und hinterläßt eine kinderlose Witwe, so sind seine Verwandten, in erster Linie seine Brüder, verpflichtet, die Witwe zu heiraten. Die Kinder aus dieser Ehe gelten als Nachkommen des ersten Manns der Frau. Vgl. dazu Dtn 25,5–10. Die Verpflichtung zur Leviratsehe wurde immer weniger streng gehandhabt. Vgl. *F. Crüsemann*, Tora, 297.
80 Gen 38,24.

Ausführung der Todesstrafe durch Verbrennen soll jedoch ihre eigene Familie vollziehen. Wir sehen an diesem Beispiel, wie sehr die Frau zwischen den beiden Sippen steht, zu denen sie durch Geburt bzw. Heirat gehört. In der Zeit der matrilinearen Familienstruktur wußte sie, wohin sie gehörte, während der Mann die Spannung zwischen den beiden Loyalitäten aushalten mußte.
Tamar handelt zielstrebig und klug. Der Mann, von dem sie ein Kind haben möchte, muß aus der Sippe ihres verstorbenen Mannes stammen. Nur das rettet sie vor der Bestrafung. Wir sehen daran, daß der Ehebruch der Frau nicht so sehr als eine Verletzung der persönlichen Beziehung zu ihrem Mann gewertet wird, sondern als Treulosigkeit gegenüber der Sippe. Was innerhalb der Verwandtschaft bleibt, macht nicht schuldig. Deshalb sichert sich Tamar die Beweise, daß ihr Kind von dem einzigen Mann stammt, der dafür in Frage kommt: ihr Schwiegervater. Es handelt sich um die Siegelrolle mit Schnur und um den geschnitzten Stab, die beide hinreichende Beweiskraft haben. Daß sie durch die Verschleierung eine List anwendet[81], macht sie in den Augen der antiken Hörer der Geschichte nur um so bewundernswerter. Auch Juda macht ihr deshalb keinen Vorwurf, wenn er bekennt: »Sie ist gerechter als ich!« oder: »Sie ist mir gegenüber im Recht!«[82]
Juda hält Tamar für eine *zônā*[83]. Auf die Bedeutung dieses Wortes und des Ausdrucks *q^{e}dēšā*[84], den sein Freund gebraucht, komme ich im nächsten Kapitel zu sprechen.
Der Erzähler stellt ausdrücklich fest, daß Juda später nicht mehr mit Tamar verkehrte[85]. Das veranlaßt von Rad zu der Frage, wessen Frau Tamar nun eigentlich ist. Nimmt der Erzähler an, daß sie jetzt zu Šela gehört? Oder zieht sie ihre Kinder, die als Ers Söhne gelten, als unabhängige Frau auf, wobei sie im Schutz der Sippe Judas lebt? Muß sie dann un-

---

81 Weithin wir behauptet, der Schleier, den sie anlegt, habe sie als Hure ausgewiesen. *J. Goodnick-Westenholz*, Qedeša, 247 betont dagegen mit Recht, daß im Alten Orient die Prostituierten gerade nicht den Schleier tragen durften, daß dieser hier vielmehr wegen der Handlung (Juda durfte Tamar nicht erkennen) nötig sei.
82 Gen 38,26a.
83 Gen 38,15.
84 Gen 38,21–22.
85 Gen 38,26b.

Frauen in der Patriarchenzeit

bedingt einen Mann haben? Oder besteht diese Notwendigkeit nur in den Köpfen heutiger Exegeten? Auch die These von Rads, Tamar sei nicht rechtsfähig gewesen, ist in Frage zu stellen[86]. Frank Crüsemann vertritt die Meinung, daß für die Behauptung, die Frau sei im Alten Israel nicht rechtsfähig gewesen, jede Textgrundlage fehlt[87]. Zweitens sollten wir uns davor hüten, Rechtsverhältnisse und -ordnungen der späteren Königszeit unbesehen in die Väterzeit zurückzuprojizieren. Inwieweit gab es damals öffentliches Recht, Torgerichtsbarkeit? Wurden solche Probleme nicht innerhalb der Sippe oder zwischen den Sippen direkt geregelt?
Hätte Tamar nicht nachweisen können, daß Juda der Vater ihres Kindes ist, wäre sie verbrannt worden. Diese Strafe für Ehebruch finden wir im Alten Testament nur noch einmal erwähnt, in Lev 21,9, im Blick auf Priestertöchter, die Hurerei treiben. Daß sie Verkehr mit dem Schwiegervater hatte, gilt nicht als schwerwiegend. Es führt weder »bis an die Grenze des Verbrechens«[88], noch handelt es sich um »Blutschande«[89]. Von Inzest kann nach der Anschauung der alten Zeit nicht die Rede sein, ja die Möglichkeit, daß Juda selbst sie zur Frau genommen hätte, bestand durchaus. Beispiele dafür gibt es im Alten Orient, wie bei Rafael Patai nachzulesen ist[90].
Das Außergewöhnliche, weswegen diese Geschichte erzählt wurde, war keinesfalls der Geschlechtsverkehr mit dem Schwiegervater, sondern Tamars Klugheit, mit der sie ihn zunächst zum Beischlaf und dann zum Einverständnis seines Unrechts bringt. Wenn von Rad schreibt: »Trotzdem hat dieser ihr Weg durch tiefste Schande und Schuld etwas Großartiges«[91], so hat er zwar mit dem »Großartigen«, nicht aber mit der »Schande« und der »Schuld« recht. Zutreffend formuliert Gunkel: »So freut sich die alte Sage des energischen und klugen Weibes.«[92]

86 *G. von Rad*, Genesis, 315.
87 *F. Crüsemann*, Tora, 291ff.
88 *G. von Rad*, Genesis, 317.
89 *J. Wellhausen*, Composition, 48.
90 *R. Patai*, Sitte, 99; diese Möglichkeit besteht in Palästina heute noch (ebd., 104).
91 *G. von Rad*, Genesis, 317.
92 *H. Gunkel*, Genesis, 415.

III

Wie übersetzen wir die hebräischen Wörter *zônā* und *pilaegaeš*?

Wenn Dinas Brüder die Frage stellen: »Darf er denn unsere Schwester wie eine *zônā* (›Hure‹) behandeln?«[1], so ist dabei vorausgesetzt, daß zwischen einer Hure und einem Mädchen aus gutem Haus ein himmelweiter Unterschied besteht. Die Hure darf der Mann nehmen, wenn er mit ihr einig geworden ist. Das Mädchen aus gutem Haus will durch Heiratsvereinbarungen von Sippe zu Sippe erworben werden. Erst dann ist der Geschlechtsverkehr zulässig. Eine Hure ist etwas Verächtliches; ein Mädchen aus gutem Haus wie eine Hure zu behandeln, bringt Schande über sie und ihre Sippe. Soweit ist alles klar.

Jedoch: Hat Tamar wirklich »Schande« auf sich genommen, als sie sich als »Hure« oder Qadeše verkleidet an den Weg nach Enajim setzte[2]? Zunächst fällt auf, daß hier im Hebräischen zwei verschiedene Wörter verwendet werden: *zônā*, die »Hure« (Hermann Gunkel) oder »Dirne« (Gerhard von Rad), und *qᵉdēšā*, die »Hierodule« (Gunkel) oder »Weihedirne« (von Rad).

Ephraim Avigdor Speiser behauptet, es sei eine besondere Feinheit des Erzählers, in seinem Bericht von der Hure zu reden, dem Freund Judas, der die Pfänder auslösen will, jedoch den feineren Ausdruck Qadeše in den Mund zu legen, um die ganze Sache aus der Sphäre des Anrüchigen herauszuholen[3]. Gerade diese Beobachtung verstärkt nochmals den Eindruck, daß beide Begriffe im Hebräischen aufs engste beisammenliegen und von derselben Person gebraucht werden können.

Meine These im folgenden wird sein, daß *zônā* in der alten Zeit der alttestamentlichen Überlieferung gar nicht »Hure« bedeutete, sondern die selbständig lebende Frau bezeichnete

---

1 Gen 34,31; siehe oben S. 62f.
2 Gen 38,14ff.
3 *E.A. Speiser*, Genesis, 300.

– und sich so als ein Überrest der matrilinearen Familienstruktur zu erkennen gibt. Gleiches gilt für die $q^e d\bar{e}š\bar{a}$, nur daß die $z\hat{o}n\bar{a}$ in der profanen Welt daheim war, während die $q^e d\bar{e}š\bar{a}$ im Heiligtum lebte oder diesem zumindest angehörte. Um diesen Sachverhalt zu erhärten, muß ich weit ausholen und fragen, was wir überhaupt von der Qadeše im Alten Orient wissen.

1. Die Qadeše im Alten Orient

Das Wort $q^e d\bar{e}š\bar{a}$ hängt eindeutig mit $q\bar{a}d\hat{o}š$ (»heilig«) zusammen und bezeichnet eine Frau, die zu einem Heiligtum gehört. Im alten Babylon heißt sie *qadištu*, eine von mehreren Bezeichnungen für die Priesterinnen. Unter diesen gab es offensichtlich starke Rangunterschiede und dementsprechende Benennungen. Im Hebräischen finden wir auch das männliche Äquivalent $q\bar{a}d\bar{e}š$[4], doch über dessen Stellung und Funktion wissen wir noch weniger als über die »Tempelprostituierte«, wie $q^e d\bar{e}š\bar{a}$ meistens übersetzt wird. Im Alten Orient, besonders in Mesopotamien und in Kanaan, soll es an den Heiligtümern und vor allem an den Hauptfesten sexuelle Orgien gegeben haben, durch welche die Fruchtbarkeit des Landes erhöht oder hergestellt werden sollte. Diesem Fruchtbarkeitszauber hätten die männlichen oder weiblichen Qadešen gedient, erweitert durch die Prostitution der ehefähigen Mädchen in einer Art Initiationsritus[5].

Eugen Fisher[6], Joan Goodnick-Westenholz[7], Tikva Frymer-Kensky[8] und andere widersprechen mit Nachdruck dem Gebrauch von Ausdrücken wie »Kultprostitution«. Denn »Prostitution« heißt, daß eine Frau – von den Männern sei hier abgesehen – sich um eines Vorteils willen einem Mann hingibt, sei es für Geld, Naturalien, Beförderung oder der-

---

4 $q\bar{a}d\bar{e}š$: Dtn 23,18; 1Kön 14,24; 15,12; 22,47; 2Kön 23,7; $q^e d\bar{e}š\bar{a}$: Gen 38,21–22; Dtn 23,18; Hos 4,14.
5 *L. Rost*, Erwägungen, 53–64; *H.W. Wolff*, Hosea, 108–111; vgl. *J. Jeremias*, Hosea, 70f.
6 *E.J. Fisher*, Cultic Prostitution, 225–236.
7 *J. Goodnick-Westenholz*, Qedeša, 250ff.
8 *T. Frymer-Kensky*, Wake, 199ff.

gleichen. Der Geschlechtsverkehr erfolgt also nicht um seiner selbst willen, aus Liebe, aus Freude am Partner, an der Sexualität, sondern um fremder Zwecke willen. Ein Geschlechtsverkehr jedoch, der nicht um seiner selbst willen vollzogen wird, wurde in der Antike und wird heute gesellschaftlich geächtet, so daß Wörter wie »Hure«, »Dirne« oder »Prostituierte« eine negative Bedeutung haben.

Nun geht aus den antiken, vor allem aus mesopotamischen Zeugnissen hervor, daß es bei den Tempelfesten sexuelle Vereinigung gab. Auf höchstem Rang ist hier die »heilige Hochzeit« zwischen der Oberpriesterin und der Gottheit zu nennen, wobei letztere durch den Oberpriester oder den König vertreten wurde[9]. Inwieweit die unteren Priesterränge bzw. das Volk daran beteiligt waren, ist schwer zu beurteilen. Doch woher nehmen wir das Recht zu behaupten, daß hierbei die Sexualität zu ihr fremden Zwecken mißbraucht wurde? Konnten die Priesterinnen und Priester oder auch die Leute aus dem Volk dabei nicht sehr wohl ihrem Herzen folgen? Das Verlangen nach umfassender Fruchtbarkeit, also auch des Landes und der Tiere, war keine der Sexualität sekundäre Motivation. Deshalb sollten Begriffe wie »sakrale« oder »Kultprostitution« nicht mehr verwendet werden.

Auch müssen wir in diesem Zusammenhang bedenken, daß einige Ränge der Priesterinnen in Babylon hochgeachtete Frauen waren. Hören wir dazu Bestimmungen aus dem Codex Hamurabi:

»Wenn ein Bürger eine naditu-Priesterin heiratet und diese ihn keine Kinder bekommen läßt, wenn er dann plant, eine šugitu-Priesterin zu heiraten, so darf dieser Bürger eine šugitu-Priesterin heiraten und sie in sein Haus eintreten lassen, aber diese šugitu-Priesterin darf sich mit der naditu-Priesterin nicht gleichstellen.«[10]
»Wenn ein Vater eine naditu-Priesterin, eine qadištu-Priesterin oder eine kalmašitu-Priesterin (einem/dem) Gott weiht und ihr keine Mitgift gibt, so soll sie, nachdem der Vater das Zeitliche gesegnet hat, vom Besitz des Vaterhauses ein Drittel ihrer Erbschaft (= das ihr zustehende Drittel der Erbschaft?) als Anteil bekommen und davon, so lange sie lebt, nutznießen; ihr Nachlaß gehört ihren Brüdern.«[11]

---

9 E.O. James, Cult, 50ff; J. Renger, Art. Heilige Hochzeit, 253ff.
10 Codex Hamurapi, § 145, in: TUAT I/1, 60.
11 Codex Hamurapi, § 181, in: TUAT I/1, 66.

Wie übersetzen wir die hebräischen Wörter zônā und pilaegaeš? 69

In dieser angeführten Bestimmung ist vorausgesetzt, daß diese Priesterinnen keine Kinder haben werden. Was sie vererben, fällt an ihre Familie zurück. Sie durften offenbar heiraten, aber in manchen Perioden keine Kinder haben[12]. Näheres über das Warum und das Wie wissen wir nicht. Den Besitz, den sie vom Vater ererbt oder als Mitgift erhalten haben, können sie selbst verwalten, sind also geschäfts- und rechtsfähig. Worauf es mir vor allem ankommt: Sie sind in ihrer Gesellschaft angesehene Personen.

2. Dennoch »Kultprostitution« als Initiationsritus?

Haben wir die Qadeše wie die anderen Priesterinnen Mesopotamiens aus der Zone der Kultprostitution herausgenommen, so fragt es sich, ob dasselbe auch für eine andere Form angeblicher sexueller Bräuche bei den Opferfesten gilt, bei denen vor allem heiratsfähige junge Frauen beteiligt gewesen sein sollen. Doch auch für verheiratete Frauen sei angeblich bei den Tempelfesten der Ausbruch aus der Ehe, die wahllose Promiskuität erlaubt gewesen[13].
Für den Bereich Babylons wird eine Stelle aus Herodot angeführt:

»Jedes Weib des Landes muß sich einmal in ihrem Leben bei dem Tempel der Aphrodite niedersetzen und von einem Fremden sich beschlafen lassen ... Die meisten aber tun also: Sie sitzen in dem heiligen Hain der Aphrodite ... Da gehen dann die Fremden hin und suchen sich eine aus. Und wenn ein Weib hier einmal sitzt, so darf sie nicht eher wieder nach Hause, als bis ein Fremder ihr Geld in den Schoß geworfen und sie außerhalb des Heiligtums beschlafen hat.«[14]

Dies sieht nun wirklich nach Tempelprostitution aus, weil alle Elemente vorhanden sind: Heiligtum, Geld, Geschlechtsverkehr. Allerdings wird die Zuverlässigkeit dieser Nachricht bei Herodot von mehreren Forschern bezweifelt, unter anderem von Eugen Fisher, Joan Goodnick-Westenholz,

---

12 *J.P. Asmussen*, Bemerkungen, 177. Anders aber *J. Goodnick-Westenholz*, Qedeša, 250ff.
13 Siehe oben Anm. 5.
14 Herodot, Historiai I,199; ausführlich zitiert bei *H.W. Wolff*, Hosea, 108f.

Gerhard von Rad und Tikva Frymer-Kensky[15]. Hingegen haben bereits Eduard Meyer und vor allem Leonhard Rost diese Aussage zum Anlaß genommen, auch für Israel einen solchen Brauch nachzuweisen, indem Hos 4,13–14 damit erklärt wurde[16]. Das wurde von Hans Walter Wolff aufgegriffen und weitergeführt[17]. Die Stelle lautet:

»Auf den Gipfeln der Berge schlachten sie (Opfer),
und auf den Höhen räuchern sie (Brandopfer),
unter dem Eichbaum und dem Storaxbaum
und dem großen Baum, denn gut ist ihr Schatten.
Deswegen treiben eure Töchter Hurerei
und eure Schwiegertöchter Ehebruch ...
denn sie (maskulin) gehen abseits mit den Huren (*hazzônôt*)
und schlachten Opfer mit den Qadešen.«

Daß israelitische Männer, hier mit »sie« bezeichnet – Hoseas Hörer wußten offenbar, wer gemeint war –, bei den Opferfesten auf den Höhen Geschlechtsverkehr üben, und zwar mit »Huren« und Qadešen, ist eine klare Aussage des Textes[18]. Deswegen, so heißt es, treiben die Töchter und Schwiegertöchter dieser Männer Hurerei und Ehebruch. Soweit ist alles klar. Die Schwierigkeit beginnt bei der Frage, in welchem Kausalzusammenhang das Verhalten der Töchter zu dem der Väter steht. Die alte jüdische Exegese erklärt die Sache so, daß die Töchter die Abwesenheit der Väter von zu Hause ausgenutzt hätten[19].

Rost und Wolff nehmen an, die Töchter seien mit den Vätern zum Opferfest gegangen und hätten sich dort in den Geschlechtsverkehr einweihen lassen. Steht das jedoch im Text? Bezieht sich die Aussage Hoseas nicht vielmehr auf die Frage nach dem Vorbild, das die Väter ihrer Familie geben, wenn sie beim Opferfest außerehelichen Geschlechtsverkehr vollziehen? In ihrem Haus leben die noch nicht verlobten Töchter, die ihre Jungfräulichkeit bewahren sollen, leben die bereits verlobten Töchter, die ihrem Bräutigam

---

15 Siehe oben Anm. 6–8.
16 Siehe oben Anm. 5; vorher bereits *E. Meyer*, Israeliten, 177ff.
17 *H.W. Wolff*, Hosea, 108–111.
18 Strittig ist in der Exegese, ob Hosea die Priester oder auch Männer aus dem Volk meint.
19 *L. Rost*, Erwägungen, 61, Anm. 5 nennt Ibn Esra, Raschi und David Qimchi.

zur Treue verpflichtet sind, und leben die Schwiegertöchter, die ihre Ehe rein halten sollen. Wie kann man ihnen vorwerfen, daß sie sich nicht an das Gebotene halten, wenn der Familienvorstand ihnen ein solch schlechtes Beispiel gibt? So argumentiert Hosea[20].
Damit greift er die ›doppelte Moral‹ an, die es den Männern erlaubt fremdzugehen, von der Frau aber absolute Treue erwartet und sie mit dem Tod bestraft, wenn sie dagegen verstößt. Dieser Angriff auf die Freiheit des Mannes aus pädagogischen Gründen – sonst ohne Parallele im Alten Testament – ist eine gedankliche Leistung Hoseas, die alle Achtung verdient.
Nun könnte der Gegeneinwand lauten: Aber Hosea spricht doch von den Qadešen und den Huren. Also verurteilt er das Verhalten der Qadešen als Prostitution. Außerdem scheint der Plural der beiden Frauengruppen auf massenhaften Geschlechtsverkehr hinzudeuten, so daß – unterstützt durch das Herodotzitat – die Deutung auf breite sakrale Promiskuität doch gerechtfertigt wäre.
Ob dann nicht auch die Annahme der Beteiligung heiratsfähiger Mädchen zwecks Initiation und Abwechslung liebender Ehefrauen zu verteidigen wäre[21]?
Was die Huren betrifft, so vertritt Wilhelm Rudolph die Meinung, bei den großen Tempelfesten hätten die Qadešen die Huren der Umgebung zu Hilfe geholt, weil sie sonst dem großen Andrang nicht gewachsen gewesen wären[22]. Das schließt nun wieder die Beteiligung von Jungfrauen und Ehefrauen in größerem Umfang aus. Davon steht sowieso nichts bei Hosea. Sie ist nur aus der sehr zweifelhaften Stelle bei Herodot erschlossen, denn daß die Töchter und Schwiegertöchter bei den Tempelfesten fremdgehen, ist eine in den Text stillschweigend eingeschobene Vermutung.
Ob es nun bei den von Hosea angesprochenen Tempelfesten Prostitution gab, hängt an dem Verständnis des hebräischen Wortes für »Hure«: *zônā*. Deswegen wollen wir die Erzählungen im Alten Testament ansehen, in den von der *zôna* die Rede ist.

---

20 *T.R. Robinson*, Hosea/Micha, 21.
21 Siehe oben Anm. 5.
22 *W. Rudolph*, Hosea, 112.

3. Vier Geschichten, die von der *zônā* handeln

a) Jericho: Raḥab nimmt Fremde in ihr Haus auf (Jos 2; 6,22–25)

Josua sendet Kundschafter in die Stadt Jericho, um für den Angriff die nötigen Informationen zu erhalten. Die beiden Späher kehren in das Haus einer *zônā* namens Raḥab ein, die sie dann versteckt und aus der Stadt entkommen läßt. Nach dem Fall Jerichos wird sie mitsamt Vater, Mutter und Brüdern aus der Stadt herausgeführt. Die Familie entgeht dem Verderben und darf in Israel wohnen. Viele Ausleger folgen der Meinung des Flavius Josephus, Raḥab sei eine Herbergsmutter und »Bierschenkin« gewesen[23]. Diesen Frauenberuf kennen wir zwar aus Babylon, doch wird er im alttestamentlichen Bereich nirgendwo bezeugt[24].
Was veranlaßt eigentlich eine Frau, die inmitten ihrer Familie wohnt, sich als »Hure« ihr Brot zu verdienen? Wenn nun *zônā* an dieser Stelle gar nicht die »Prostituierte« bezeichnet, sondern die frei lebende Frau, wie sie in der Zeit der matrilinearen Familienstruktur selbstverständlich war, wäre dieser Widerspruch gelöst. Sie wäre eine Frau, die Männer in ihr Haus nimmt, weil sie ihr gefallen. Das schließt nicht aus, daß sie von ihnen Geschenke annimmt, schließt jedoch ein, daß die Hingabe nicht um des Lohnes willen, nicht aus Not oder Geldgier erfolgt, sondern aus der Freude am Geschlechtlichen, an der Kommunikation mit dem anderen. Wenn diese Annahme stimmt, wäre Raḥabs Kennzeichnung als *zônā* ein Überrest aus jener Zeit, in der noch alle oder die meisten Frauen in dieser Freiheit und Selbständigkeit unter dem Schutz ihrer (mütterlichen) Familie lebten. *zônā* wäre dann zu übersetzen: die selbständig lebende Frau[25].

b) Gilead: Ist Jiptaḥs Mutter eine »Hure«? (Ri 11,1–11)

Besonders wichtig ist die Frage nach der Bedeutung von *zônā* in Ri 11,1, wo es heißt, daß Jiptaḥ der Sohn einer *zô-*

---

23 JosAnt 252–254.
24 Codex Hamurabi, § 108.109.111, in: TUAT I/1, 55.
25 Ähnlich könnte es sich mit der Frau verhalten, die Simson in Gaza besucht (Ri 16,1–3).

Wie übersetzen wir die hebräischen Wörter zônā und pilaegaeš? 73

nā, einer »Hure«, war. Nach dem Tod des Vaters vertreiben ihn seine Brüder, die Söhne der Hauptfrau. Die Ältesten der Stadt geben den Brüdern Recht. Nun besteht scheinbar ein Widerspruch darin, daß Jiptaḥ ein *gibbôr ḥajîl*, also ein freigeborener rechtsfähiger Mann, *und* der Sohn einer Hure gewesen sein soll. Sollen wir deshalb Teile von Ri 11,1 und 2 streichen, wo er als Sohn einer Hure von den Brüdern vertrieben wird? Das würde jedoch den inneren Spannungsbogen der Erzählung zerstören und ist im Text durch nichts gerechtfertigt.

Legen wir versuchsweise dem Wort *zônā* die Bedeutung »selbständig lebende Frau« unter, zu welcher Jiptaḥs Vater »eingegangen« war, die jedoch im Schutz ihrer Sippe lebt, so entfällt nicht nur der Widerspruch mit dem *gibbôr ḥajîl*, sondern wir verstehen auch die Rechtslage besser. War nämlich Jiptaḥs Mutter nach matrilinearem Recht Mitglied und »Erbin« in ihrer Familie, so bekommen dort Jiptaḥs Schwestern ihren Anteil, er aber geht leer aus. Deshalb möchte er als Sohn in seines Vaters Familie erben. Doch dort sagen seine Halbbrüder mit Recht: »Halte dich zur Sippe deiner Mutter! Dort hast du deinen Anteil. Bei uns gibt's für dich nichts zu erben.« Diese Rechtslage wird von den Ältesten bestätigt. Solche Schwierigkeiten mußten entstehen, wo matrilineare und patrilineare Familien nebeneinander bestanden. Die Erzählung bekommt also einen viel klareren inneren Aufbau, wenn wir *zônā* statt mit »Hure« mit »selbständig lebende Frau« (nach matrilinearem Recht) übersetzen.

c) Jerusalem: Zwei Frauen kommen zu König Salomo (1Kön 3,16–27)

Das Wort *zônā* begegnet uns in einer weiteren Geschichte, in der die übliche Deutung als »Hure« Schwierigkeiten bereitet. Zwei Frauen kommen wegen eines Streits um ein Kind zu König Salomo. Sie werden als »Huren« bezeichnet, wohnen zusammen in einem Haus, offensichtlich ohne Ehemänner, und haben beide ein Kind bekommen. Nun ist bekannt, daß Huren es vermeiden, Kinder zu bekommen, da sich dies geschäftsschädigend auswirkt. Gewiß gab es hierfür bereits in der Antike Verhaltensregeln oder Mittel, die man von einer weisen Frau erfahren konnte. Warum haben sie sie nicht angewandt?

Setzen wir in die Erzählung die selbständig lebende Frau ein, so entfällt diese Schwierigkeit. Die beiden Frauen gehören vermutlich zu derselben Sippe, in der sie versorgt sind. Dennoch mag für diese »Relikte« der matrilinearen Zeit das Leben nicht ganz einfach gewesen sein, weil die Regel die dem Mann als ihrem Ba'al gehörende Frau war. Da mag es hilfreich gewesen sein, zu zweit in einem Haus zu leben. Nur wegen des Unfalls mit einem der beiden Kinder – seine Mutter hat es versehentlich nachts im Schlaf erdrückt – kommt es zum Streit der Mütter, die beide behaupten, das lebende Kind sei das eigene. Ihr Verhalten zeigt also, daß sie beide Kinder haben wollen. Sie sind somit an der Kontinuität ihrer Familie interessiert. Deshalb ist die Erzählung in sich stimmiger, wenn sie frei lebende Frauen der matrilinearen Familienstruktur sind. Daß es in der frühen Königszeit matrilinear organisierte Familien gegeben hat, werden wir später noch sehen[26].

In den drei besprochenen Geschichten ging es speziell um die Bedeutung des Worts *zônā*. Die Übersetzung als »selbständig lebende Frau« hat sich für das Verständnis der Erzählungen als erhellend erwiesen.

d)   Enajim: War Tamar eine Hure? (Gen 38)

Wir kehren noch einmal zu Tamar zurück. Gen 38 wird immer wieder als Beweis angeführt, daß es sich bei der *zônā* um eine Hure handelt, denn Tamar fragt ihren Schwiegervater, der mit ihr schlafen will: »Was gibst du mir, wenn du zu mir kommen darfst?« Daraufhin verspricht er ihr ein Ziegenböckchen. Also wird eindeutig ein Lohn ausgehandelt. Nur wird eines bei dieser Argumentation übersehen: daß Juda gar nicht damit gerechnet hat, »bezahlen« zu müssen. Er meint doch offensichtlich, zu einer frei lebenden Frau zu kommen, der er nur zu gefallen braucht. Sie aber hat guten Grund, sich die Pfänder geben zu lassen, die sie später zum Nachweis ihrer Unschuld braucht. Bestimmend ist für sie der Wunsch nach einem Kind.

Meine These ist also: Wo uns das Wort *zônā* in den Erzählungen aus der alten Zeit Israels begegnet, hat es nicht die

---

26   Siehe unten S. 130ff.

Bedeutung »Prostituierte«, sondern bezeichnet die selbständig lebende Frau, die über ihren Verkehr mit Männern frei bestimmt. Dies gilt noch für die frühe Königszeit, während in Texten vom 9. Jh. v.Chr. an ein Bedeutungswandel eintritt und die *zônā* zur »Hure« im Sinne der »Prostituierten« wird[27].

So heißt es dann in 1Kön 22,38, daß die »Huren« sich in Ahabs Blut wuschen, und in Jes 1,21 klagt der Prophet über Jerusalem: »Wie ist zur Hure geworden die treue Stadt!« Bei Hosea und Jeremia ist der negative Gebrauch von *zônā* und dem ganzen Wortfeld offensichtlich. Den verächtlichen Klang hat das Wort auch in Gesetzestexten, wo es in Dtn 23,19 und in Lev 21,7.14 zu finden ist.

Hingegen wird es in den alten Texten niemals mit verächtlichem Beiklang gebraucht, wenn wir von Gen 34,31 absehen, wo Dinas Brüder sagen: »Darf er denn unsere Schwester wie eine Hure behandeln?«

Bei der Untersuchung der Geschichte von der Vergewaltigung Dinas haben wir jedoch festgestellt, daß die Schlußverse Gen 34,27–31 ein späterer Zusatz sind[28]. Deshalb kann auch der negative Gebrauch von *zônā* im Mund von Dinas Brüdern nicht als Beweis angeführt werden, daß es in der vorstaatlichen Zeit bereits die Bedeutung »Hure« für *zônā* gegeben habe. Im Gegenteil wird man die abwertende Bedeutung des Wortes neben den anderen Argumenten für die späte Datierung dieser Verse anführen können.

4. Wie verhalten sich die *qᵉdēšā* und die *zônā* zueinander?

In zwei Texten fanden wir eine enge Verbindung, wenn nicht gar die Identität von *qᵉdēšā* und *zônā*[29]. Nehmen wir für die *zônā* die Bedeutung »selbständig lebende Frau« an, so ergibt sich auch für die *qᵉdēšā* und ihr Verhältnis zur *zônā* eine gute Lösung. Wir brauchen dann nicht von der »Hure« auf die »Tempelhure« und von der »Prostituierten« auf die »Kultprostituierte« rückzuschließen, sondern wir erkennen, daß es sich in beiden Fällen um ein Relikt aus

---

27 *H. Schulte*, Beobachtungen, 255–262.
28 Siehe oben S. 61f.
29 Gen 38,15–23; Hos 4,14.

der Zeit der matrilinearen Familienstruktur handelt: um die frei lebende Frau, die sich im Tempelbereich weitaus länger gehalten hat als in der profanen Gesellschaft, wo sie zur »Hure« wurde[30].

Dieser Bedeutungswandel von *zônā* ist insofern leicht zu erklären, als die frei lebende Frau und die Hure sich nur nach der inneren Motivation unterscheiden, von außen gesehen also leicht verwechselt werden können. Ist das Ziegenböckchen, welches der Mann mitbringt, Ausdruck seiner Freundschaft und Liebe oder der Preis, den die Frau von ihm verlangt? Wer will das sagen, außer den beiden Menschen selbst? Als die selbständig lebende Frau ausstarb, *mußte* das Wort *zônā* entweder wegfallen oder seine Bedeutung ändern[31].

Eine Nebenbemerkung sei noch angefügt: Die Prostitution gehört zum Patriarchat, denn nur hier gibt es verstoßene Frauen, die gezwungen sind – wenn sie nicht zu ihrer eigenen Sippe zurückkehren können –, ihren Körper zur Sicherung ihre Lebensunterhalts einzusetzen. Da außerdem jeder Mann seine Frau für sich haben will, dem Mann also die Verlobte oder Frau des anderen verwehrt ist und die Väter ihre Töchter wie einen Augapfel hüten, bleibt für ein bißchen ›sexuelle Abwechslung‹ nur die Prostitution übrig, wenn der Mann sich nicht der Rache eines Vaters, Verlobten oder Ehemannes aussetzen will. Das Patriarchat braucht und schafft die Prostitution. Zugleich jedoch wird die Prostituierte ausgegrenzt und nur noch mit Verachtung von ihr gesprochen.

5. Wie übersetzen wir das hebräische Wort *pilaegaeš*?

Das Wort *pilaegaeš* kommt im Alten Testament relativ selten und völlig isoliert vor; es gibt kein Verb oder ein anderes Nomen, mit denen es verwandt wäre. Es soll aus dem

---

30 2Kön 23,7 spricht von *qᵉdēšîm* (maskulin) und Frauen, die der Ašērā Kleider (?) webten. Es ist die Zeit um 620 v.Chr., also ca. 35 Jahre vor dem Fall Jerusalems.
31 Daß abweichend von Hoseas sonstigem Sprachgebrauch *zônā* in Hos 4,14 die alte Bedeutung hat, erklärt sich aus den Gesetzen des Parallelismus membrorum. Für die metrische Sprache gab es vorgeprägte Wortpaare, so daß Hosea hier einen älteren Sprachgebrauch übernimmt.

Wie übersetzen wir die hebräischen Wörter zônā und pilaegaeš?

Indogermanischen oder Ägyptischen kommen, was soviel heißt wie: Wir wissen nichts darüber[32]. Schauen wir uns den Gebrauch im Alten Testament an, so ist er voller Überraschungen.

a) Das Vorkommen im Plural

Hier ist die Bedeutung »Nebenfrau« gesichert. Für einen König scheint es sich zunächst zu gehören, daß er einen Harem mit Frauen und Nebenfrauen hat. So erfahren wir es von David[33], Salomo[34] und dessen Sohn Rehabeam[35]. Von keinem weiteren König jedoch, sei es im Nord- oder im Südreich, wird uns für die Zeit danach berichtet, daß er eine oder mehrere Nebenfrauen hatte. Historisch gesehen scheint die Nebenfrau mit der Reichsteilung um 930 v.Chr. ausgestorben zu sein. Literarisch gesehen kommt die *pilaegaeš* nur in Texten aus der Zeit vor 930 oder in späteren Schriften in bezug auf diese Zeit vor[36]. Wir haben hier ein Wort vor uns, von dem wir sagen können, daß es im Hebräischen ausgestorben ist.

b) Die Nebenfrau und die Ehefrau

Interessant ist, daß bei Salomo in 1Kön 11,3 die 700 Frauen und 300 Nebenfrauen (= 1000!) rangmäßig unterschieden werden, indem bei den Frauen der Zusatz »fürstlich« vermerkt ist. Also scheint es berechtigt, die *pilaegaeš* als eine Ehefrau niedrigeren Standes zu bezeichnen, d.h. rechtlich und sozial von der Ehefrau nach unten abgesetzt[37]. Karen Engelken vermutet, daß für sie kein Brautpreis zu bezahlen war, daß also arme Leute sich eher eine *pilaegaeš* als eine Ehefrau leisten konnten. Vielleicht war sie einmal verführt oder vergewaltigt worden, doch konnte sie auch eine ver-

---

32 *K. Engelken*, Frauen, 23.
33 2Sam 5,13; 15,16; 16,21–22; 19,6; 1Chr 3,9.
34 1Kön 11,3; Cant 6,8–9.
35 2Chr 11,21.
36 Gen 25,6 gehört zur Priesterschrift, ist also frühestens exilisch und bezieht sich auf Abraham; das Vorkommen in den Chronikbüchern und im Hohenlied bezieht sich ausschließlich auf David, Salomo und Rehabeam.
37 *W. Plautz*, Monogamie, 9; *K. Engelken*, Frauen, 124f.

witwete oder verstoßene Frau sein. Bemerkenswert ist, daß der Mann aus dem südlichen Ephraim in Ri 19 offenbar nur eine *pilaegaeš*, jedoch keine Ehefrau hat. Auffällig ist ferner in 2Sam 5,13, daß David sich in Jerusalem *pilagšîm* und *naššîm* (»Frauen«) genommen hat – in dieser Reihenfolge! Es scheint also nicht um die Frage zu gehen, wer zuerst und wer später geheiratet wurde, sondern um einen anderen Status der Frau.

c) *pilaegaeš* in bezug auf eine bestimmte Frau

Ich zähle die Vorkommen auf: Reuma, die Frau Nachors (Gen 22,24); Ketura, die Frau Abrahams (1Chr 1,32, jedoch steht in Gen 25,1 '*iššā*!); Bilha, die Frau Jakobs (Gen 35, 22, während sie in Gen 29,29 *šipḥā*, in 30,3 '*āmā* genannt wird[38]); Timna, die Frau Eliphas', des Sohnes Esaus (Gen 36,12); Epha, die Frau Kalebs (1Chr 2,46); Ma'aka, die Frau Kalebs (1Chr 2,48); in 1Chr 7,14 begegnet zudem eine unbenannte aramäische Frau Manasses, wobei Manasse außer dieser offenbar keine Ehefrau hat. Vor allem aber erfahren wir in Ri 8,31, daß Gideon neben vielen Ehefrauen auch noch eine *pilaegaeš* in Sichem hat, die zu den vornehmen Familien der Stadt gehört. Dann folgt außer der Frau in Ri 19 nur noch Rizpa, die Nebenfrau Sauls (2Sam 21,8–10; 2Sam 3,7–9). Nach der Zeit Sauls kommt keine einzelne benannte oder unbenannte *pilaegaeš* mehr vor.

Was folgt daraus? Selbst Werner Plautz, der für die alte Zeit Israels jegliche matrilineare Familienform und die entsprechende Selbständigkeit der Frau leugnet, muß zugeben, daß es sich bei der Frau Gideons in Sichem um etwas anderes als um eine Nebenfrau handelt, daß hier der Mann zu der Frau hingeht, während diese bei ihrer Familie wohnt[39].
Ich schließe daraus, daß das Wort *pilaegaeš* in der alten Zeit diese Bedeutung einer selbständig lebenden Frau hatte, die durch ihre mütterliche Familienzugehörigkeit abgesichert war. Dann könnte es sich auch bei David um Frauen gehandelt haben, zu denen er hinging. Rubens Verkehr mit Bilha in Gen 35,22 wäre dann kein Verstoß gegen das Inzesttabu

---

38 Beide Wörter bedeuten »Magd«.
39 W. *Plautz*, Monogamie, 9.

gewesen, das ihm die Frau seines Vaters verwehrt, sondern der Besuch bei einer unabhängig lebenden Frau, zu der auch sein Vater hingegangen ist[40]. *pilaegaeš* würde also in der alten Zeit dieselbe Bedeutung wie *zônā* haben, wenn meine Hypothese zu diesem Wort stimmt.

Die Frage stellt sich, warum es dann zwei Wörter für dieselbe Sache gab. *pilaegaeš* scheint ein Fremdwort zu sein, während *zônā* dem semitischen Sprachbereich zugehört. Denn wir finden im Alten Testament auch das Verb *znh* sowie die Nomina *z^enûnîm*, *z^enût* und *taznût*. In anderen semitischen Sprachen vor und neben dem Alten Testament ist diese Wurzel nicht nachweisbar, erst in den nachalttestamentlichen Sprachen wie dem Aramäischen, Arabischen und Äthiopischen[41].

Fraglos gilt: Das Wort *pilaegaeš* ist im Hebräischen ›gestorben‹. Wenn ein Wort ›stirbt‹, dann kommt auch der mit ihm beschriebene Sachverhalt zu seinem Ende. Dieser Sachverhalt war nun gerade nicht die soziale Stellung der Nebenfrau, für die auch die Wörter *šiphā* und *'āmā* zur Verfügung standen, sondern die unabhängig lebende Frau. Erst als man solche Frauen nicht mehr kennt, verschwindet das Wort in seiner alten Bedeutung, hält sich aber noch eine Weile im Kollektivgebrauch, um dann vollends verlorenzugehen, sieht man einmal von der altertümlichen Verwendung in der Priesterschrift, den Chronikbüchern und im Hohenlied ab[42].

---

40 Gen 35,22. Warum bricht die Erzählung in der 2. Vershälfte plötzlich ab?
41 *J. Kühlewein*, Art. *zônā*, 518.
42 Siehe oben S. 77, Anm. 36.

IV

Welchen Anteil hatten die Frauen im alten Israel am Kult?

1. Anmerkungen zur Geschichte des Kultes

Zum heiligen Bereich gehörten, wie wir sahen, Frauen: die Qadešen. Welche Aufgaben hatten sie? Gewiß nicht nur die, die »heilige Hochzeit« zu vollziehen und Kleider für die Gottheit zu weben[1]. Doch was dann? Eine Antwort geben uns die Briefe aus Mari, in denen – seltener als ihre männlichen Kollegen – Frauen erwähnt werden, welche Orakel erteilen, Träume haben und über die Priesterschaft Gottesbotschaften an die Könige und andere Würdenträger übermitteln[2]. Wem fällt da nicht Pythia aus dem alten Delphi in Griechenland ein, die von Apoll inspirierte – oder von Schwefeldämpfen um den Verstand gebrachte – Seherin? Wir können annehmen, daß auch die Qadeše im kanaanäisch-israelitischen Bereich eine solche Orakelspenderin und vielleicht auch Ekstatikerin war. Dafür lassen sich Spuren im Alten Testament finden, obwohl die Gleichsetzung etwa von »Prophetin« und Qadeše nirgends direkt vollzogen wird.
Doch zunächst einige Anmerkungen zur Entstehung des Priestertums (im weitesten Sinne des Wortes) im Vorderen Orient. »Priester« heißt im Hebräischen *kōhēn*. Nun hat im Arabischen das entsprechende Wort *kahin* die Bedeutung »Seher«. Umgekehrt hat sich das hebräische Verb '*tr* (»beschwören, beten«) im Arabischen zu der Bedeutung »opfern« ('*atara*) entwickelt[3]. Daraus ergibt sich, daß Priestertum und Sehertum in alten Zeiten ineinanderlagen. Oder anders gesagt: Der mantische, d.h. zukunftsdeutende Bereich und der magische, d.h. auf die Gottheit einwirkende Bereich waren noch ungetrennt. Der aus dem Mongolischen stammende Begriff »Schamane« bringt diese Einheit zum Aus-

---

1 2Kön 23,7.
2 *F. Ellermeier*, Prophetie, 83f.90ff.156f.
3 *W. Gesenius*, Handwörterbuch, 630; siehe oben S. 50f.

druck. Allmählich ist eine Funktionsspaltung eingetreten, insofern der Priester Spezialist für alle Arten von Opfern wird, während der Seher die Orakel gibt, wozu er sich in Ekstase versetzt. Dazu dienen ihm Mittel wie Rauschtrank, Musik, Tanz oder dergleichen. Priester und Prophet gehören zum Heiligtum, doch ist der Seher oder Beschwörer weniger fest mit diesem verbunden als der Priester.
Nun gab es bei den Nomaden, aber auch bei den Halbnomaden und Bauern eine feste geschlechterspezifische Arbeitsteilung: Schlachten war Sache des Mannes, Brotbacken Sache der Frau. Erinnern wir uns an den Besuch der drei Männer bei Abraham: Er befiehlt seiner Frau, das Brot für die Gäste zu backen, holt aber selbst das Kalb von der Herde weg und bereitet es mit Hilfe des Knechtes zu. Hermann Gunkel bemerkt zu dieser Stelle: »Der männliche Egoismus hat der Frau die unangenehme Arbeit des Mahlens zugeschoben.«[4] Diese Arbeitsteilung ist die Ursache dafür, daß die mit der Zeit sich entwickelnde Kulthandlung »Opfer« den Männern zukommt, während die andere ›priesterliche‹ Funktion, das Sehertum, keiner Geschlechtertrennung bedarf. So erklärt es sich, daß wir im Alten Testament zwar Prophetinnen finden, aber keine Priesterinnen. Es ist für die alte Zeit Israels nicht nötig, für diese ›Ausschließung‹ der Frauen vom Opferaltar Tabuvorstellungen heranzuziehen, als wäre die Frau in Zeiten der Menstruation unrein oder dergleichen[5].

2. Prophetinnen im Alten Testament: Hulda, Jesajas Frau, Debora, Mirjam, Zippora

Gewiß hat es im kanaanäischen Raum und in den Stämmen des späteren Israel viele Seherinnen gegeben, von denen uns nichts überliefert ist. Die im Alten Testament erwähnten Prophetinnen lassen sich rasch aufzählen: Mirjam, Debora, Jesajas Frau, Hulda, Noadja und eine Gruppe unbenannter Prophetinnen[6].
Wir finden sie also seit der Zeit Mošes bis in die Tage Nehemias, grob gesprochen von ca. 1200 bis 400 v.Chr. Einige

---

4 *H. Gunkel*, Genesis, 195 zu Gen 18,6–8.
5 Als ein Beispiel für viele *E. Gerstenberger*, Herrschen, 338.
6 Neh 6,14 (Noadja); Ez 13,17–23.

von ihnen sind verheiratet, andere offenbar nicht. Den bei Ezechiel genannten Prophetinnen wird vorgeworfen, daß sie »auf Hände voll Gerste und auf ein paar Bissen Brot« aus sind, woraus sich ergibt, daß sie von ihrem wahrsagenden Tun leben müssen.
Wenden wir uns nun den einzelnen Frauen zu.

a) Hulda (2Kön 22,14–20)

Am sichersten in der Überlieferung verankert ist die Prophetin Hulda zur Zeit des Königs Josia, also am Ende des 7. Jh.s v.Chr. Sie wird als die Frau Šallums, des Kleiderverwahrers, bezeichnet. Als Prophetin steht sie offenbar in höchstem Ansehen, sonst hätte der König nicht gerade sie wegen des im Tempel gefundenen Buches befragen lassen. Propheten gab es damals genug – Jeremia, Habakuk, Zephanja –, so daß es um so mehr auffällt, daß gerade eine Frau um ein Wort Jahwes gebeten wird. Wie schade, daß sonst nichts von ihr überliefert ist.

b) Jesajas Frau (Jes 8,3)

Etwa 100 Jahre früher spricht Jesaja davon, daß er »sich der Prophetin nahte«, daß sie schwanger wurde und einen Sohn gebar. Trägt sie den Titel, weil sie Jesajas Frau war oder weil sie die Stellung einer Kultprophetin hatte?[7] Ich nehme letzteres an, nur wissen wir von ihrem Wirken gar nichts.

c) Debora (Ri 4–5)

Im 12. oder 11. Jh. v.Chr. lebte Debora, die Frau Lappidots, eine »prophetische Frau«. So wird sie allerdings nur in Ri 4,4 genannt, während ihr Titel im Deboralied »Mutter in Israel« lautet (Ri 5,7). Ihre Bezeichnung als »Richterin« (Ri 4,4b.5) wird wohl ein späterer Zusatz sein. Als Prophetin wirkt Debora, indem sie Baraq zum Kampf aufruft und ihm vor der Schlacht eine Siegeszusage gibt sowie persön-

---

7 Als Ableitung von Jesajas Titel als Prophet versteht *B. Duhm*, Jesaja, 57 den Titel seiner Frau als »Prophetin«, während *H. Wildberger*, Jesaja 1–12, 317f annimmt, daß sie selbst die Stellung einer Kultprophetin innehatte.

lich mit dem Heer mitzieht (Ri 4,6–9.14). Wieviel daran
Stilisierung aus späterer Sicht ist und wieviel Überlieferung,
ist schwer zu sagen[8].

d) Mirjam (Ex 15,20; Num 12,1–16; 20,1b)

Die erste Frau, die im Alten Testament »Prophetin« genannt
wird, ist Mirjam. Wir lesen in Ex 15,20–21:

>»Die Prophetin Mirjam, die Schwester Aarons, nahm die Pauke in die
Hand, und alle Frauen zogen mit Paukenschlag und Tanz hinter ihr her.
Mirjam sang ihnen vor: ›Singt Jahwe ein Lied, denn hoch und erhaben
ist er; Rosse und Wagen warf er ins Meer.‹«

Rita Burns hält beide Angaben, daß Mirjam Prophetin und
Aarons Schwester war, für einen späteren Zusatz[9]. Das ist
mir nicht so sicher. Gewiß hat sie jedoch damit recht, daß
sie Num 20,1b als die älteste Tradition über Mirjam ansieht:
»Und das Volk verweilte in Qadeš; dort starb Mirjam, dort
wurde sie begraben.«[10]
Nicht als Prophetin, vielleicht als Priesterin, aber jedenfalls
als Kultbeamtin mit Gotteswortfunktion habe Mirjam bei
den heiligen Quellen von Kadeš gewirkt, meint Burns[11].
Denn Mirjam und Aaron greifen die Autorität Mošes an:
»Hat Jahwe denn nur durch Moše gesprochen? Hat er nicht
auch durch uns geredet?«[12]
Dieser Streit in Qadeš – so Burns – reflektiere einen Zusammenstoß zwischen den Autoritäten des Heiligtums von Qadeš
mit der zugewanderten Gruppe unter Moše. Doch hätten sie
sich zu anderen Zeiten auch gut miteinander vertragen, etwa
wenn Mirjam den anderen das Siegeslied entgegensinge.
Statt als »Kultbeamtin« möchte ich Mirjam jedoch lieber
als eine »Schamanin« bezeichnen[13]. Sie kann eine Frau ge-

---

8 Ausführlich geht es um Debora in Kap. 5; siehe unten S. 92ff.
9 *R. Burns*, Lord, 46ff.77–81.
10 Num 20,1b; zum hohen Alter und zur Zuverlässigkeit von Grabtraditionen vgl. *M. Noth*, Überlieferungsgeschichte, 169f.
11 *R. Burns*, Lord, 122f.
12 Num 12,2. Zu Mirjams Bedeutung vgl. auch *I.J. Peritz*, Women, 142; *R. Smend*, Lehrbuch, 91: »Gewiß trat sie in der Geschichte mehr hervor als in der Überlieferung.«
13 *R. Neu*, Patrilokalität, 222ff.

wesen sein, die von ihrer Mutter gelernt hatte, wie man Tiere und Pflanzen und Himmelserscheinungen beobachtet, wie man Gifte und Arzneien bereitet, das Wetter vorhersagt, Krankheiten heilt oder Kindern zu einer guten Geburt verhilft. Sie vermag durch ihren Blick oder Zauberspruch Macht über Menschen auszuüben, zum Guten oder zum Bösen, doch sie weiß auch, wie man mit Mächten umgeht, mit bösen, um Schaden abzuwenden, mit guten, um ihre Hilfe für das Gedeihen der Menschen herbeizuführen.

Entgegen der Meinung von Burns sehe ich keinen Grund, an der Angabe zu zweifeln, daß Mirjam die Schwester Aarons war. Allerdings hat man erst recht spät, wohl erst in nachexilischer Zeit, Aaron zum Bruder Mošes gemacht, so daß daraufhin in ganz späten Texten Moše, Aaron und Mirjam als Geschwister auftreten[14].

War Mirjam offensichtlich unverheiratet und hatte ihren Bruder als Gehilfen, so liegt die Vermutung nahe, daß sie eine selbständig lebende Frau matrilinearer Herkunft war.

Mirjam und Aaron halten Moše zweierlei entgegen: Er bestreite ihnen zu Unrecht, im Namen Jahwes aufzutreten, sowie die kuschitische Frau, die er sich genommen habe[15].

Es gibt gute Gründe zu der Annahme, daß mit dieser Kuschitin Zippora gemeint ist, die aus Midian stammt. Kuš oder Kušan ist eine alte Bezeichnung für Midian[16].

Ich setze einmal voraus, daß dies alles stimmt und lasse meine Phantasie spielen:
In der Oase von Qadeš wohnen die Schamanin Mirjam und ihr Bruder und Gehilfe Aaron. Sie stehen beide in hohem Ansehen bei den Oasenbewohnern, den umwohnenden Nomaden und den durchziehenden Karawanen.
Eines Tages kommt eine Menschenmenge, die Erstaunliches zu berichten weiß, von Ägypten her zur Oase. Die Ankömmlinge waren ihren ägyptischen Herren davongelaufen. Als die Grenzwachen mit ihren Streitwagen sie einfangen wollten, trieb der Wind die Wasser des Sirbonischen Sees vor sich her und den Ägyptern entgegen, so daß die Pferde scheu-

---

14 Num 26,59; 1Chr 5,29; vgl. Mi 6,4.
15 Num 12,1–2.
16 R. Burns übernimmt leider nicht die alte These, daß die Kušitin mit Zippora identisch ist, da Kuš bzw. Kušan als Bezeichnung für Midian vorkommt (Hab 3,7). Vgl. dazu *M. Noth*, Numeri, 84, der zwar die Gleichung Kuš = Midian anerkennt, nicht aber die Gleichsetzung der Kušitin mit Zippora. Anders hingegen *F.M. Cross*, Myth, 204.

ten und die Wagen ineinanderfuhren[17]. Das gab den Flüchtenden den rettenden Vorsprung. Die Schamanin Mirjam weiß das Erzählte zu deuten: Es war der Gott Jahwe, der ihnen von seinem heiligen Berg aus geholfen hat. Sie schlägt vor, ein Dankfest für diesen Gott und die Errettung zu feiern. Bei dieser Gelegenheit zieht sie mit den Frauen ihrer Oase (oder: ihrer Sippe) den Fremden entgegen und singt ihnen das Lied von Jahwe, der neben den Quellgöttinnen verehrt wird, auch wenn er etwas weiter entfernt auf seinem heiligen Berg wohnt und über noch größere Entfernung hin wirken kann, wie sie erfahren haben.
Mit der Zeit ergeben sich jedoch Schwierigkeiten zwischen der Schamanin Mirjam und dem Anführer der Zugewanderten, Moše. Dessen Frau Zippora ist Priestertochter und versteht deshalb viel von geheimem Wissen; sie ist möglicherweise selbst Schamanin und hat ihrem Mann das eine oder andere beigebracht. So beherrscht er die Kunst, Aussatz an- und wegzuzaubern[18]. Was die Ursachen des Konflikts waren, ist nicht angegeben, doch kommt es zu einer offenen Konfrontation zwischen Mirjam und Aaron auf der einen, Moše auf der anderen Seite. Dabei kann es um Zippora gegangen sein. Moše wendet seine Macht an und läßt Mirjam aussätzig werden[19]. Ob es dann eine Versöhnung gab oder ob sich das Problem löste, indem die Zuwanderer weiterzogen, ist nicht zu erkennen. Jedenfalls müssen sie die eindrucksvolle Gestalt der Schamanin Mirjam im Gedächtnis behalten haben und auch den Gott Jahwe, dessen Verehrung sie bei ihr gelernt haben. So verbanden sie in ihren Überlieferungen Mirjam und Aaron mit ihrem Anführer Moše. Den Gott Jahwe aber verkündeten sie den anderen Sippen, mit denen sie später in Kanaan zusammenwohnten, als einen starken Helfer.
Gegen diese Rekonstruktion sind folgende Einwände zu erheben: Erstens werden drei ganz verschiedene und verschiedenwertige Mirjam-Traditionen auf eine Ebene gehoben. Zweitens wird nicht beachtet, daß die Moše-Traditionen gesamtisraelitischen Charakter haben, also frühestens im Zwölfstämmereich der David-Salomo-Zeit entstanden sein können, gut 200 Jahre später als in der Zeit Mirjams. Drittens weist mancherlei darauf hin, daß Moše selbst aus Midian stammt, also Jahwe-Verehrer war und nicht erst durch Mirjam diesen Gott kennenlernte. Dennoch wird man sagen dürfen, daß auch eine historisch nicht haltbare Fiktion darin ihren Wert haben kann, daß sie die wenigen Angaben über Mirjam für uns mit Leben erfüllt.

e) Zippora (Ex 2,15–22; 4,20a.24–26)

In der älteren Mošeüberlieferung kommt Zippora nur zweimal vor: als Moše sie nach der Flucht aus Ägypten am Brun-

---

17 Zur Lage des Sirbonischen Sees vgl. *G. Hölscher*, Geschichtsschreibung, 305 und die dort genannte Literatur; *M. Noth*, Exodus, 86f.
18 Ex 4,6–7.
19 Num 12,10.

nen trifft und heiratet und als er sie bei seiner Rückkehr nach Ägypten mitnimmt. Moše begegnet den sieben Töchtern des Priesters von Midian in der Steppe am Brunnen – ganz ähnlich der Situation, als Jakob Raḥel zum ersten Mal sah (Gen 29), nur daß dort eine gerechte Regelung herrschte: Wenn alle Herden beisammen sind, wird der Deckstein vom Brunnen abgehoben; vorher darf niemand Wasser schöpfen. Am Brunnen in Midian hingegen herrscht das »Recht des Stärkeren«, und die Schwächeren sind allemal die Frauen. Sie müssen warten, bis die Männer ihre Herden versorgt haben. Also müssen sie weiter hinuntersteigen, können ihren Herden nur das schmutzigere Wasser geben und in schlechten Zeiten vielleicht überhaupt nichts mehr. Deshalb kommen sie in der Regel erst spät nach Hause. An dem Tag, an dem Moše ihnen beim Wasserschöpfen hilft, ist ihr Vater überrascht, sie schon so früh zu sehen. Er erfährt von dem hilfreichen Fremden und freut sich, diesen zunächst als Gast und später als Schwiegersohn im Haus zu haben.

Zipporas Vater ist also »Beschwörer« in Midian. Wir wissen nicht, ob – und wenn ja, wieweit – er seine Töchter in die Geheimnisse der Magie und Mantik eingeweiht hat. Doch sehen wir zu, was wir weiterhin über Zippora erfahren, nachdem sie Mošes Frau geworden ist.

Nach der älteren Tradition nimmt Moše sie und ihren Sohn Geršom mit, als er nach dem Tod Pharaos nach Ägypten zurückkehrt[20]. Nach einer späteren Überlieferung läßt er Zippora sowie seine beiden Söhne, Geršom und Eliezer, bei seinem Schwiegervater in Midian[21]. Um den Widerspruch auszugleichen, hat ein späterer Redaktor die Bemerkung eingefügt, Moše habe seine Frau schon vor dem Auszug aus Ägypten nach Midian vorausgeschickt[22].

In der einzigen Erzählung, in der Zippora handelnd auftritt, hat sie nur einen Sohn. Dieses und andere Merkmale lassen die Begebenheit zu den ältesten Moše-Traditionen gehören[23]. Der Text lautet:

---

20 Ex 4,20a.
21 Ex 18,1–5.
22 Ex 18,2b.
23 Zu diesen rechne ich Ex 2,11–22a.23a; 3,2–3.4a.5.7; 4,19.20a. 24–26.

»Unterwegs am Rastplatz stieß Jahwe auf ihn und versuchte, ihn zu töten. Zippora jedoch nahm ein Steinmesser und schnitt ihrem Sohn die Vorhaut ab und berührte damit seine ›Füße‹ [gemeint ist: seine Scham] und sprach: ›Ein Blutsverwandter bist du mir.‹ Und er ließ von ihr ab. Deshalb sagte man (sie?) ›Blutsverwandter‹ zu den Beschneidungen.«[24]

Diese drei Verse bilden eine der schwierigsten Stellen im ganzen Alten Testament, besonders, weil so viele Pronomen vorkommen, bei denen man nicht weiß, auf wen sie sich beziehen.

Ein Dämon überfällt die Wanderer bei Nacht und will Moše töten. Später ist aus dem Dämon Jahwe gemacht worden, weil man in Israel keine dämonische Macht neben Jahwe dulden wollte. Doch wurde gerade auf diese Weise Jahwe dämonisiert, hier sowie in der Geschichte von Jakobs Kampf am Jabbok[25].

Bleiben wir also beim Dämon, der in Menschengestalt auftritt. Zippora kann entweder vor Hitze nicht schlafen oder erwacht rechtzeitig, weil sie, die Frau, die Nähe des Dämons spürt. Sie nimmt einen scharfen Stein und schneidet ihrem Sohn die Vorhaut ab. Martin Noth meint, sie habe ursprünglich Moše beschnitten; erst später, als die Kinderbeschneidung eingeführt wurde, sei ihr Sohn an die Stelle Mošes getreten, während die ältere Überlieferung die Erwachsenenbeschneidung vorausgesetzt habe. Doch betont Noth selbst, daß es sich hier um »vage Hypothesen« handle[26]. Ob es nun um die Vorhaut des Sohnes oder des Mannes ging, entscheidend ist, was Zippora damit tut: Sie berührt die Geschlechtsteile des Dämons[27], wofür hier als Euphemismus »Füße« steht[28]. Zu dieser Handlung spricht sie eine Deuteformel, welche den Dämon nach gängiger Übersetzung zu ihrem »Blutsbräutigam« (ḥatān damîm) erklärt. Doch hat Julius Morgenstern die Übersetzung mit »Blutsverwandter« vor-

---

24 Ex 4,24–26.
25 Gen 32,25–33.
26 *M. Noth*, Exodus, 35f.
27 Wenn der Ausleger sich weigert, hinter Jahwe den Dämon zu sehen, der die Wanderer überfallen will, dann kann er nicht von den Geschlechtsteilen des Dämons sprechen, sondern muß das Personalpronomen auf Moše beziehen, was meines Erachtens keinen Sinn ergibt. Als Beispiel solcher Auslegung nenne ich *R. Blum / E. Blum*, Zippora, 43.
28 Zum Problem vgl. *W.H. Schmidt*, Exodus 1,1 – 6,30, 224.

geschlagen[29]. Indem Zippora den Dämon zum Blutsverwandten erklärt und mit dem Blut von Scham zu Scham berührt, hindert sie ihn am Töten, denn innerhalb der Verwandtschaft bringt man sich nicht um. Das Geschlechtsteil ist das Heiligste des Mannes, weswegen beim Schwur das Glied des Eidnehmers angefaßt wurde[30].
Zippora vollzieht also einen apotropäischen, d.h. Unheil abwendenden Akt, eine dämonenabwehrende Handlung. Dabei stellt sie nicht einfach Macht gegen Macht – das könnte das Beschneidungsblut auch bedeuten –, sondern sie überlistet durch das Begleitwort den Dämon, indem sie ihm die Möglichkeit zum Töten entzieht. Sie begegnet uns als eine Frau, die mit Dämonen umzugehen weiß und dies auch furchtlos tut. So gesehen könnte ihre Handlungsweise mehr sein als nur der zufällige Griff nach einem in der Nähe liegenden Stein und die plötzliche Eingebung, die Beschneidung zu vollziehen. Vielmehr wußte sie als Tochter eines Schamanen, wie man mit Dämonen umzugehen hat.
Es ist zu vermuten, daß es eine ganze Reihe von Erzählungen gab, die von Moše und Zippora bzw. deren Sohn handelten. Von diesen sind nur die beiden vom Treffen am Brunnen und von der Dämonenabwehr erhalten geblieben. Mit Ex 4, 26 bricht dieser Erzählfaden ab und wird nicht wieder aufgenommen. An die Stelle dieser alten Geschichten treten solche, in denen Moše wie ein Heiliger ›auf eine Säule gestellt‹ wird. Er ist Gottesmann, redet mit Jahwe und erhält Weisungen von ihm, tritt gegen Pharao auf und führt das Volk in die Freiheit. In den Zipporageschichten jedoch ist er ein Mensch wie andere Menschen auch und auf die Hilfe seiner Frau angewiesen. Warum sind diese Erzählungen verlorengegangen bzw. unterdrückt worden? Weil Zippora in ihnen eine aktive Rolle spielte und man eine solche Frau neben dem ›heiligen‹ Moše nicht dulden wollte? Oder weil nicht nur bei der Beschneidung ihr Wissen als Schamanin anstößig war? Wer weiß. Wir werden es wohl nie erfahren.

---

29 *J. Morgenstern*, Husband, 35–70; vgl. auch *E. Gerstenberger*, Jahwe, 69; *T. Lescow*, Ex 4,24–26, 19–26, der bei der Übersetzung »Blutbräutigam« bleibt und in der Handlung einen Bundesschluß mit dem Dämon sieht, was im Ergebnis auf dasselbe wie bei Morgenstern hinausläuft.
30 Gen 24,2.9; 47,29; nicht in späteren Texten.

Eher sollten wir uns wundern, daß Ex 4,24–26 erhalten blieb. Ob dies wegen der Beschneidung geschah? Oder wegen der Ätiologie einer rituellen Formel? Auf jeden Fall bietet die Erzählung einen Hinweis darauf, daß die Beschneidung ursprünglich wohl von der Mutter vollzogen wurde, die damit den Sohn in ihre Sippe aufnahm, in welche in der matrilinearen Familie nur die Töchter von Natur aus hineingehörten.

3. Die Totenbeschwörerin von En-Dor (1Sam 28,3–25)

Am tiefsten dringen wir in den Bereich von Mantik und Magie ein, wenn wir uns die Geschichte ansehen, wie König Saul am Vorabend der Schlacht auf dem Berg Gilboa zu der Totenbeschwörerin von En-Dor geht. Die normalen mantischen Praktiken wie Träume, Kastenorakel (Urim) und Propheten (!) haben versagt[31]. Sie haben keine klare Auskunft gegeben, wie der Kampf mit den Philistern ausgehen wird. Saul verhält sich in diesem Fall nicht anders als jeder Feldherr in der Antike. Er braucht sein Omen, sein Vorzeichen vor der Schlacht. Seine Leute wissen jedoch Bescheid: Es gibt in der Nähe eine *ba'alat 'ôb*, eine »Herrin des Totengeistes« – oder: des Mittels, ihn zu zitieren[32]. Welche Praktiken die Frau betreibt, wird uns nicht erzählt, vielmehr nur das Ergebnis, daß sie einen Geist sieht, den sie als alten Mann mit Mantel beschreibt. Daß Saul ebenfalls den Geist gesehen habe, wird nicht erzählt, wohl aber sein Gespräch mit ihm, das auf den Satz Samuels hinausläuft: »Morgen wirst du und werden deine Söhne bei mir (d.h. in der Unterwelt) sein, und das Heer Israels gibt Jahwe in die Hand der Philister.«[33]

Im Folgenden wird die Totenbeschwörerin als eine Frau geschildert, die sich um den niedergeschlagenen König

---

31   1Sam 28,6.
32   Ob die Vorbemerkung in V. 3, Saul habe die *'ôbôt* und die *jid'onîm* vertrieben, und die sich darauf beziehenden Sätze der Frau ursprünglich zu der Geschichte gehören oder später eingearbeitet sind, lasse ich offen. Diese Unsicherheit verbietet es, das Wort *'ôb* in V. 7–8 von V. 3 her auszulegen.
33   1Sam 28,19. Die V. 16*.17–18 und den Anfang von V. 19 halte ich für einen späteren Zusatz.

sorgt, ihm Essen bereitet und ihn zum Zugreifen überredet. Da sie auch die Männerarbeit des Schlachtens übernimmt, scheint sie eine allein lebende Frau gewesen zu sein. Wer weiß, ob sie Witwe war oder ob sie zu den selbständig lebenden Frauen gehörte, von denen wir immer wieder Spuren fanden, eine *zônā* oder *pilaegaeš* also. Nicht einmal ihr Name ist uns überliefert. Ob es wie sie viele Beschwörerinnen und weise Frauen in Israel gegeben hat?

4. Welche Antwort haben wir auf die Frage »Frau und Kult« im alten Israel gefunden?

Eine weitverbreitete These lautet: In Israel waren Frauen nicht kultfähig[34]. Das stimmt zweifellos für die Zeit des zweiten Tempels. Dort durften sie nicht weiter als in den »Vorhof der Frauen« gehen. Von dem eigentlichen Vollzug der Tempelgottesdienste waren sie ausgeschlossen. Es gab keine Priesterinnen; ob Prophetinnen zum Tempelbereich gehörten, wissen wir nicht.
Doch damit ist der Rückschluß auf die Zeit vor dem Exil noch lange nicht erlaubt. Im Gegenteil: Wir haben Hinweise dafür gefunden, daß Frauen zum Tempelbereich gehörten: die Qadešen als selbständige, keinem Mann unterworfene Frauen. Sie dürften neben den männlichen Qadešen die alte Funktion des »Beschwörers« ausgeübt haben: mit den Mächten umzugehen, Macht für oder gegen Menschen auszuüben, zu heilen oder zu schaden und Antwort auf die Fragen nach der Zukunft zu geben. Doch hatten die Frauen offenbar auch ganz praktische Aufgaben im Heiligtum zu erfüllen, wenn es noch in der späten Königszeit heißt, sie hätten die Gewänder für Ašera gewoben[35]. Sie waren an den Fruchtbarkeitsriten beteiligt, ohne daß man hier von Prostitution sprechen darf. Als Gestalten, die möglicherweise über Wissen im magischen oder mantischen Bereich verfügten, sind uns Mirjam und Zippora begegnet, ebenso

---

34 So *J. Wellhausen*, Israel, 89–90; *G. Beer*, Stellung, 4f; *E. Gerstenberger*, Herrschen, 338; *M.-S. Heister*, Frauen, 98. Anders *F. Horst*, Art. Frau, 1067f; *F. Crüsemann*, Tora, 291ff.294; *R. Neu*, Patrilokalität, 222–233.
35 2Kön 23,7.

Welchen Anteil hatten die Frauen im alten Israel am Kult? 91

die Totenbeschwörerin von En-Dor[36]. Wir werden später noch eine Frau kennenlernen, die mit Magie und Mantik vertraut ist: die Königin Isebel[37]. Es wird jedoch nicht gesagt, daß solche Frauen ständig oder auch nur zeitweise im Bereich eines Heiligtums lebten. Frauen, die »Prophetin« genannt werden, also seherische Fähigkeiten hatten und/oder sich in Ekstase versetzen konnten, waren zum Teil verheiratet: Debora, Hulda und die Frau Jesajas[38]. Eine andere kultische Funktion, die in alter Zeit vermutlich den Frauen zukam, war die Beschneidung[39].

Daß Frauen am Opferkult nicht beteiligt waren, erklärt sich in der alten Zeit nicht aus irgendeiner Vorstellung von der Unwürdigkeit oder Unreinheit der Frau, sondern aus der üblichen geschlechtsspezifischen Arbeitsteilung[40].

---

36 Siehe oben S. 83ff.85ff.89f.
37 Siehe unten S. 144.
38 Siehe oben S. 81ff. »Verheiratet« wäre dann hier wohl im Sinne der »Besuchsehe« zu verstehen.
39 Siehe oben S. 87ff.
40 Siehe oben S. 81 und zu dem ganzen Bereich *P.A. Bird*, Place, bes. 401ff.

V

Frauen in der Richterzeit

Im Richterbuch kommt eine Anzahl von Frauen vor, deren Los es war, Opfer zu sein. Ich erinnere an die Mutter Siseras (Ri 5,28–30), an Jiptaḥs Tochter (Ri 11,30–31.34–40), an Simsons erste Frau (Ri 14; 15,1–6), an die *pilaegaeš* aus Ri 19. Kollektiv sind es 400 Jungfrauen aus Jabeš bzw. die Jungfrauen aus Šilo (Ri 21), die dem Frauenbedarf der Benjaminiten zu dienen haben. Von ihrem Sohn betrogen wird Michas Mutter (Ri 17,1–4). Von diesen Frauen, die unter der Macht oder der Gewalt der Männer zu leiden haben, heben sich drei aktive, beherzte, ihr Schicksal selbst gestaltende Frauen ab: Debora, Jael und Simsons Mutter. Sie greifen in das Schicksal der Stämme Israels ein.

1. Debora – eine »Mutter in Israel« (Ri 4–5)

Vorbemerkung: Über Debora berichten zwei Traditionen, die Prosaerzählung in Ri 4 und das sogenannte Deboralied in Ri 5. Beide Texte handeln von ein und derselben Frauengestalt, denn jeweils tritt Debora neben Baraq auf, handelt es sich um eine Schlacht gegen Sisera und hat Debora eine Konkurrentin in Jael. Das Paradox ist, daß wir im Deboralied mehr über Jael erfahren als über Debora.

a) Der Prosabericht (Ri 4)

Debora wird uns vorgestellt als die Frau Lappidots. Debora heißt »die Biene« und Lappidot »die Fackeln«. Paulus Cassel hat vermutet, daß Lappidot gar nicht der Name von Deboras Mann, sondern adjektivisch zu verstehen ist: die »fackelige«, also »feurige« Frau[1]. Dies ist eine geistreiche Idee, dennoch möchte ich lieber bei der traditionellen Auffassung

---

1 *P. Cassel*, Buch, 42f.

bleiben, daß es sich bei Lappidot um den Namen ihres Mannes handelt. Weiter hören wir, daß sie Israel »richtete« und eine »Prophetin« war. Zu ihr sollen die Israelsöhne als zu einer Streitschlichterin gekommen sein, während sie unter der »Palme der Debora« zwischen Rama und Bet-El saß[2]. Diese Angabe ist sicher unhistorisch, wohl durch die Namensgleichheit jener Palme und dieser Frau entstanden. Wie sie nämlich, wenn sie ins südliche Ephraim gehörte, die Stämme Naphtali und Sebulon in Galiläa zum Kampf aufgerufen haben soll, ist unausdenkbar. Sie gehörte in den Norden, nicht in den äußersten Süden des späteren Nordreichs Israels. Ein Israel, das sie hätte »richten« können, gab es damals noch nicht. Um so erstaunlicher, daß man sie in späterer Zeit zu solch einer »Richterin« hochstilisiert hat.

Daß sie als »Prophetin« bezeichnet wird, will ich als eine alte Tradition gelten lassen; doch verstehe ich dies im Sinne einer ekstatisch begabten Frau, welche die Menschen zu einer Aktion zu begeistern weiß. Hingegen entspricht die Rolle, die ihr der jetzige Text zuschreibt, in meinen Augen zu sehr dem Kriegsbild der deuteronomistischen Schule der Exilszeit, als daß ich sie für eine alte Tradition halten könnte. Dieses Kriegsbild kennt den charismatischen Heerführer, der von Jahwe den Befehl zum Kampf und die Siegeszusage erhält, weil Jahwe selbst mit Israels Heer auszieht[3].

Wenn wir diese spätere Übermalung außer acht lassen, wird etwa folgender historischer Vorgang erkennbar: Eine Einleitung muß von der Unterdrückung der Stämme Naphtali und Sebulon durch den Kanaanäerfürsten Sisera erzählt haben. Debora fordert Baraq (»Blitz«) auf, gegen ihn zu kämpfen und zieht mit Baraq zu seiner Stadt Qaedaeš. Auf ihre Aufforderung hin versammeln sich dort 10000 Männer aus den Stämmen Sebulon und Naphtali[4].

Es folgt eine scheinbar zusammenhanglose Bemerkung über Ḥeber, den Qeni[5]. Sie soll wohl die spätere Begegnung zwi-

---

2 Ri 4,4–5.
3 Im Josuabuch, in 1Sam 15 und 2Sam 5 finden sich Berichte, die uns dieses Kriegsbild darbieten.
4 Ri 4,6.10; die Zahl von 10000 Männern erscheint zu hoch. Doch kann es sich bei den Zehn-»Tausend« um die alte Bedeutung des Wortes 'aelaep (»Schar«) handeln, also um die streitbaren Männer von zehn Sippen.
5 Ri 4,11.

schen Hebers Frau Jael und Sisera vorbereiten. Doch warum an dieser Stelle? Sollte Heber der Mann gewesen sein, der Baraqs Vorbereitungen zum Kampf Sisera meldete?[6]
Von Debora ist jetzt keine Rede mehr, nur Baraq darf noch einmal ganz kurz auftreten[7]. Das ist keine gute hebräische Erzählung. In ihr hätten wir erfahren müssen, wie nach dem Sieg in der Schlacht und der ausführlich erzählten Ermordung Siseras[8] Debora und Baraq mit dem Heer im Triumphzug wieder in die Heimat zurückkehren. Es folgt aber nur noch die Abschlußformel, die zur deuteronomistischen Redaktion des Richterbuchs gehört und auf die Einleitungsformel zurückgreift[9]. Dazu gehört noch die Schlußbemerkung von Ri 5: »Und das Land hatte 40 Jahre lang Ruhe.«[10] Immerhin: Sosehr die Erzählung bearbeitet und verstümmelt ist – Debora steht vor uns als eine Frau, die den Mut und die Begeisterung hat, mit einem Mann zusammen – nicht mit ihrem Ehemann! – die Menschen aus Resignation und Angst herauszureißen und zum Kampf zu ermuntern.

b)   Das Deboralied (Ri 5)

Das Lied galt in der Forschung lange als alt und einheitlich. Es wurde zumeist in das 12.–11. Jh. v.Chr. datiert. Manche Forscher nahmen und nehmen an, daß es unmittelbar nach der Schlacht am Kišon und vielleicht von Debora selbst gedichtet worden sei[11]. Diese Meinungen lassen sich jedoch nicht halten. Das Lied ist weder einheitlich noch im ganzen alt, sondern aus unterschiedlichen Teilen, die aus verschiedenen Zeiten stammen, zusammengesetzt. Damit ist Debora als Verfasserin ausgeschlossen[12].
Nach meinen eigenen Untersuchungen ist der älteste Teil des Liedes seinerseits ein Teil eines alten kanaanäischen Sisera-

---

6   Am Anfang von Ri 4,12 könnte statt: »Und sie sagten dem Sisera« gestanden haben: »Und er sagte dem Sisera«; oder man könnte ergänzen: »Und er sandte Boten zu Sisera, und sie sagten«.
7   Ri 4,22.
8   Ri 4,17–22.
9   Ri 4,1–3.23–24.
10 Ri 5,31b.
11 *K. Budde*, Richter, 39; *W. Hertzberg*, Josua/Richter/Ruth 173; *M.-S. Heister*, Frauen, 51.
12 *H. Schulte*, Richter 5, 177–191.

Frauen in der Richterzeit

Epos[13]. Dieses handelte von seinen Heldentaten und von seinem Ende. Die Szene mit der Mutter, die vergeblich auf die Heimkehr des Sohnes wartet, mag den Abschluß des Epos gebildet haben[14]. Erhalten ist uns nur der Teil, der von seiner Niederlage und von seinem Tod handelt. Diese Strophen sind von Sängern aus Israel übernommen und im antikanaanäischen Sinn umgestaltet worden. Würden wir das ganze Lied kennen, so wüßten wir, warum Jael unter Bruch des Gastrechts Sisera erschlägt.

Aus vorstaatlicher Zeit werden sicher die Lob- und Scheltreden über die Stämme stammen[15] und möglicherweise auch die Schilderungen der Notzeit[16]. Beide Teile dürften im Norden entstanden sein. Die Eingangsepiphanie, wo Jahwe von Edom her kommt[17], hat judäischen Ursprung und wird erst nach Übernahme des Liedes in den Süden hinzugekommen sein. Für die Struktur des Liedes am interessantesten sind die Verse, die wie eingeschoben aussehen: Ri 5,2.3.9. 13.21b. In ihnen wird zum Gotteslob aufgerufen oder zum Singen im allgemeinen bzw. zum Aufstand.

Seltsam ist, daß an einer Stelle Debora zum Singen aufgefordert wird, an anderer Stelle aber als Sängerin auftritt[18]. Ich kann mir die Endgestalt des Liedes nur so erklären, daß es sich um den Text für eine szenische Aufführung handelt. Chöre und Einzelsänger treten hier auf, auch einzelne Schauspieler wie Debora und Baraq, die bei ihrem Erscheinen begrüßt werden. Das »Ich« Deboras in V. 7 ist dann das »Ich« der Schauspielerin, das Debora darstellt.

Wer war Debora? Sie wird im Lied weder als Richterin noch als Prophetin bezeichnet; sie ist nicht die Dichterin dieses Liedes. Ganz wenig nur erfahren wir über sie: daß sie sich als »Mutter in Israel« vorstellt und daß sie zusammen mit Baraq aufgerufen wird – er zum Kampf, sie zu dem den Kampf begleitenden Gesang. Dieses wenige hat je-

---

13 Ri 5,19–22.24–30.
14 Ri 5,28–30.
15 Ri 5,14–18.
16 Ri 5,6–10.
17 Ri 5,2–5.
18 In Ri 5,12 wird Debora zum Singen aufgefordert, in 5,7 tritt sie selbst als Sängerin auf. Entgegen der Übersetzung in der Lutherbibel ist hier an dem Ich des hebräischen Textes festzuhalten. Zu dieser Struktur des Liedes ist wichtig der Kommentar von *A. Soggin*, Judges, 94ff.

doch, gerade weil es so nebenbei angegeben wird, den hohen Rang historischer Glaubwürdigkeit. Es zeigt eine Frau, die in einer Notzeit zum Widerstand aufruft und mit den Kämpfern auszieht. Sie mag zur Vorbereitung, während des Kampfes und danach, als der Sieg errungen war, ihre Lieder gesungen haben. Als Sängerin war sie die Propagandistin des Befreiungskampfes. »Man hat sie die Jungfrau von Orleans des alten Bundes genannt« schreibt Karl Hermann Schelkle[19]. J. Cheryl Exum wiederum betont: »Eine Mutter in Israel ist eine Frau, die Befreiung aus der Unterdrückung bringt, Schutz bietet und das Wohlergehen und die Sicherheit des Volkes gewährleistet.«[20] »Mutter in Israel« heißt im Alten Testament an der einzigen anderen Stelle, wo der Begriff vorkommt, eine Stadt, die Stadt Abel Bet Hammaʿaka[21]. Würde diese Stadt vernichtet, so argumentiert dort sinngemäß die weise Frau, so würde das ein Schaden für die ganze Region, ja für ganz Israel sein. Folglich geht es auch hier um eine Art Vorbild- und Schutzfunktion der »Mutter in Israel« für das Ganze. Debora erscheint also als eine Freiheitskämpferin, eine Liedermacherin, vielleicht mit ekstatischen Zügen, so daß sie an die Prophetin heranreicht.

2. Jael oder: Das gebrochene Gastrecht (Ri 4–5)

Von dieser Frau wissen wir nur eins: daß sie den Feldherrn oder König Sisera ermordet hat. Warum das geschah, bleibt im dunkeln. Wie sie die Tat durchführte, wird auf zwei verschiedene Weisen geschildert, wobei jeweils die Niederlage Siseras in der Schlacht vorausgeht.
Die eine Version:

»Und Sisera entfloh zu Fuß zu dem Zelt Jaels, der Frau Ḥebers, des Qeni, denn es herrschte Frieden zwischen Jabin, dem König von Hazor, und dem Haus Ḥebers, des Qeni. Und Jael ging Sisera entgegen und sprach zu ihm: ›Komm, mein Herr, komm zu mir! Fürchte dich nicht!‹ So trat er zu ihr ins Zelt, und sie deckte ihn mit dem Vorhang zu. Er sprach zu ihr: ›Gib mir doch etwas Wasser zu trinken, denn ich habe Durst.‹ Sie öffnete den Schlauch mit der Dickmilch, gab ihm zu trinken

---

19 *K.H. Schelkle*, Geist, 62.
20 *J.C. Exum*, Mutter, 99.
21 2Sam 20,19.

und deckte ihn wieder zu. Er sprach zu ihr: ›Stell dich an den Zelteingang! Wenn jemand kommt und dich fragt: 'Ist hier irgendwo ein Mann?', dann sagst du: 'Nein!'‹ Jael, die Frau Hebers, ergriff den Zeltpflock, nahm den Hammer in die Hand und schlich sich an ihn heran und schlug den Pflock durch seine Schläfe bis in die Erde. Er aber war ermüdet eingeschlafen – und starb. Nun hatte Baraq die Verfolgung Siseras aufgenommen. Jael ging ihm entgegen und sprach zu ihm: ›Komm! Ich will dir den Mann zeigen, den du suchst.‹ Da kam er zu ihr und siehe da: Da lag Sisera am Boden, und der Zeltpflock steckte in seiner Schläfe.«[22]

Die andere Version:

»Gelobt sei unter den Frauen Jael, die Frau Hebers, des Qeni,
unter den Frauen im Zelt sei sie gepriesen!
Wasser erbat er, Dickmilch gab sie;
in der Schale für die Helden brachte sie die Sahne.
Ihre Hand ergriff den Zeltpflock, ihre Rechte den Arbeitshammer;
so erschlug sie Sisera, zertrümmerte seinen Kopf,
zerbrach und vernichtete seine Schläfe.
Zwischen ihren Füßen brach er nieder, fiel und lag da;
zwischen ihren Füßen brach er zusammen.
Wie er zusammengebrochen war, so lag er zertrümmert da.«[23]

Wie bereits zu Debora ausgeführt[24], handelt es sich meines Erachtens bei der zweiten Version um eine Strophe aus dem Heldenepos, das die Taten und den Tod Siseras erzählte. Das Lob Jaels wird erst an den Anfang gesetzt worden sein, als dieses Lied von Stämmen des späteren Israel übernommen und dem Deboralied eingefügt wurde. Wäre uns das ganze Epos erhalten, so wüßten wir auch, warum Jael Sisera getötet hat. Sie muß sehr starke Gründe dafür gehabt haben, denn ihre Tat bedeutet eine Verletzung des Gastrechts, wie sie im Alten Orient unerhört war. Ob es persönliche oder nationale Gründe waren, die sie zur Tat schreiten ließen? Ich vermute mehr persönliche Ursachen: Vielleicht war es die Rache für eine Vergewaltigung.
Ist das Lob Jaels am Eingang der Strophe bei ihrem ›Umbau‹ hinzugekommen, so könnte auch die Kennzeichnung Jaels als »Frau Hebers, des Qeni« nicht ursprünglich im Text gestanden haben, sondern aus einer Überlieferung, wie sie in Ri 4,17 vorliegt, übernommen worden sein. Wir

22 Ri 4,17–22.
23 Ri 5,24–27.
24 Siehe oben S. 94f.

könnten also annehmen, daß Jael eine unabhängige, selbständig lebende Frau war. Hatte Sisera sie in irgendeiner Weise geschädigt, so war da kein Mann, dem sie die Vergeltung auftragen konnte. Sie muß die Rache selbst vollziehen. Ihre Schwäche als Frau gleicht sie durch Hinterlist aus. Indem sie ihrem Feind den Trank in einer besonders großen Schale reicht, schränkt sie sein Gesichtsfeld ein und gewinnt Zeit, weil er lange trinkt. So kann sie unbemerkt von hinten kommen und zuschlagen. Sie hat es ja nicht mit einem liegenden und schlafenden Mann zu tun, wie es die Prosaerzählung in Kapitel 4 will, sondern mit einem wachen und im Stehen trinkenden.
Während sich der Erzähler des Prosaberichts jeder Bewertung der Tat Jaels enthält, wird sie am Anfang der Strophe überschwenglich gepriesen und ihrem Handeln der Rang eines nationalen Ereignisses zuerkannt. Doch auch dies vermag den Bruch des Gastrechts nicht zu entschuldigen.
Die anschließende Strophe aus dem alten Sisera-Epos führt uns zu seiner Mutter, die angstvoll auf die Heimkehr des Sohnes wartet. Ihre Hofdamen trösten sie: Er wird sich noch mit den Mädchen aus der Beute amüsieren. Die Fürstin greift nach dem Strohhalm dieses Trostes, während wir als Hörer des Liedes längst wissen, daß er tot ist. Manche Ausleger behaupten, daß diese Strophe die Freude über den besiegten Sisera noch vergrößern soll. Das mag die Meinung des israelisierten Liedes gewesen sein, doch führt die Strophe über Siseras Mutter unsere Gedanken faktisch einen anderen Weg. An dem Leid der wartenden Mutter erfahren wir, was der Sieg der einen Seite für die Menschen auf der anderen Seite bedeutet. Das relativiert den Siegesjubel und läßt über die gewonnene Schlacht hinausdenken. Parteiisch sein für die eigene Sache – ja. Doch zugleich gehört dazu, nach dem Menschen auf der anderen Seite zu fragen, der mit seiner Niederlage fertig werden muß.

3. Simsons Mutter oder: Wer behält den kühlen Kopf? (Ri 13)

Im 13. Kapitel des Richterbuchs wird uns von den Vorgängen erzählt, die zu Simsons Geburt führen. Seine Mutter ist unfruchtbar. Da erscheint ihr ein Gottesbote und verkündet ihr die Geburt eines Sohnes. Wir kennen diesen Erzähltyp bereits von Hagar, auch wenn diese schon schwanger war, und von Sara her, der die drei Männer die frohe Kunde bringen[25]. Der Sohn soll im Fall der Frau Manoaḥs ein Gottgeweihter sein, ein Retter Israels. In den folgenden Szenen malt uns der Erzähler ein Porträt dieser beiden Menschen, Manoaḥs und seiner Frau, die er leider unbenannt läßt. Frauen sind eben unwichtiger und bleiben daher oft unbenannt. So ist das nun einmal in einer patriarchalen Gesellschaft.

Manoaḥs Frau ist zunächst von der Erscheinung des Fremden und seiner Botschaft so überwältigt, daß sie ihn weder nach dem Namen noch nach dem Woher und Wohin fragt. Doch hat sie seine Worte verstanden und berichtet sie getreulich ihrem Mann. Dieser scheint ein Skeptiker zu sein. Vielleicht denkt er, seine Frau habe in der Mittagshitze Halluzinationen gehabt. Vielleicht traut er ihr nicht und argwöhnt, sie habe es mit einem anderen Mann getrieben und wolle sich nun mit dem Hinweis auf einen Gottesboten herausreden. Oder er fürchtet auch nur, daß sie nicht genau aufgepaßt und die Botschaft falsch verstanden haben könnte. Was weiß schon so eine dumme Frau! Es liegt eine große Verachtung seiner Frau darin, daß er zu Jahwe betet[26], der Bote möge noch einmal erscheinen. Jahwe scheint ihm das jedoch nicht übelzunehmen, denn er sendet seinen Boten zum zweiten Mal, jedoch wiederum zu der Frau, so daß Manoaḥ hinter ihr her zu dem Jahweboten gehen muß.

Es folgt ein Gespräch unter Männern, in dem der Bote die Worte der Frau bestätigt. Vor Freude will Manoaḥ dem Fremden ein Böckchen schlachten; der jedoch wehrt ab mit dem Hinweis, er möge es Jahwe opfern. Als das geschieht, fährt der Gottesbote mit den Flammen des Opferfeuers gen Himmel. Daraufhin bricht der Skeptiker Manoaḥ zusammen: »Wir werden sterben, denn wir haben ein Gotteswesen (*ᵃᵉlohîm*) gesehen.« Panik hat ihn ergriffen. Ein Glück, daß seine Frau bei ihm ist: »Wieso? Wenn Jahwe uns töten wollte, dann hätte er nicht die Opfergabe von uns angenommen und uns all das sehen lassen und uns nicht diese

---

25 Siehe oben S. 33f.39f.
26 Siehe oben S. 50; der alte Ausdruck *'tr* (»beschwören«) ist hier in der abgeblaßten Bedeutung »beten« verwendet.

Botschaft gebracht.«[27] Die dumme Frau, der Manoaḥ nichts zutrauen wollte – jetzt ist sie die überlegene, die den Kopf oben behält, die, statt in Panik zu geraten, logisch argumentieren kann.

Insofern liegt eine sehr schöne psychologische Studie vor, in der der Mann nicht gerade gut wegkommt. Der Erzähler scheint solche Männer zu kennen, die zuerst groß angeben und die ›dumme Frau‹ verachten, dann aber der Situation nicht gewachsen sind. Desgleichen mag er Frauen kennen, die sich das klare Denken von keinem numinosen Schrecken austreiben lassen und deshalb ihrem Mann eine Stütze sein können. Dieses Doppelporträt mutet er seinen Hörern zu. Ob sie, Männer oder Frauen, sich in diesem Spiegel erkennen und etwas sagen lassen?

---

27 Ri 13,22–23.

VI

Frauen auf und neben dem Königsthron (1. Teil)

Unter dieser Überschrift möchte ich eine Gruppe von Frauen zusammenfassen, die handelnd oder leidend, als Täter oder als Opfer in einem sehr weiten Sinne des Wortes an der Politik beteiligt waren. Wir werden dabei Frauen in vier verschiedenen Stellungen finden:
1. die Königin – im Sinne der Alleinregierung (Königin von Šaba, Atalja);
2. die Königin – als Hauptfrau des regierenden Königs (Mikal, Isebel, Wašti, Ester);
3. die Nebenfrau des Königs (Rizpa, Abigail, Batšeba);
4. die Königinmutter ($g^eb\hat{\imath}r\bar{a}$) (Batšeba, Ma'aka, Isebel).

Wir betrachten zunächst die Frauen, die in den Davidgeschichten vorkommen: seine Frauen Mikal, Abigail und Batšeba, seine Tochter Tamar, aber auch Rizpa, die Nebenfrau Sauls, die in einem sehr weiten Sinne in den Umkreis Davids gehört. Mit ihr wollen wir beginnen.

1. Rizpa – die Antigone des Alten Testaments (2Sam 3,7–8; 21,1–14)

Nach dem Tod Sauls, so erfahren wir[1], ist dessen Feldherr Abner zu Rizpa, der Nebenfrau des Königs, eingegangen. Išba'al, der letzte Saulssohn, macht ihm deshalb Vorwürfe, so daß es zum Zwist zwischen Išba'al und Abner und schließlich zum Ende der Dynastie Sauls kommt[2]. War es Liebe, welche die beiden Menschen zusammenführte, oder handelte Abner aus Berechnung, weil die Nebenfrau des toten Königs eine Anwartschaft auf den Thron vermittelte?

1 2Sam 3,7–8.
2 Der Name Išba'al erscheint im Bibeltext als Išbošet (*bošaet* = »Schande«), weil man in späterer Zeit ba'alhaltige Namen nicht mehr in der Königsfamilie Israels dulden wollte; vgl. auch Meriba'al = Mephibošet in 2Sam 21,8 (ben Rizpa) und in 2Sam 9,1–13 (ben Jonatan).

Ich halte den letztgenannten Grund für unwahrscheinlich, da Abner im Machtbereich Išba'als stark genug war, sich den Thron auch ohne diese Legitimation zu nehmen, und sein weiteres Verhalten darauf hinweist, daß es ihm um den Feldherrenposten, nicht aber um die Königskrone ging. Daß beide, Abner wie Rizpa, starke Naturen waren – und sich schon deshalb anzogen –, zeigen die überlieferten Texte. Die Stärke Rizpas erweist vor allem die folgende Begebenheit.

Eine Dürre zwingt David dazu, das Land von möglicher Blutschuld zu entsühnen. Die Bewohner von Gibeon bestehen darauf, daß dies nur durch den Tod von sieben Saulsnachkommen geschehen kann[3]. Also liefert David ihnen die beiden Söhne Rizpas, Armoni und Meriba'al, sowie fünf Söhne Merabs zur Opferung aus[4]. Dann heißt es:

»Und es nahm Rizpa, Ajjas Tochter, das Trauergewand und breitete es auf dem Felsen aus – am Anfang der Gerstenernte –, bis sich vom Himmel Wasser über sie ergoß. Und sie wehrte am Tag den Vögeln des Himmels, sich den Toten zu nähern, und den wilden Tieren bei Nacht.«[5]

---

3   2Sam 21,1–14.
4   Über die Art der Opferung gibt es unterschiedliche Meinungen. Es kann sich um Erhängen handeln oder um Pfählen oder um eine andere Todesart. In jedem Fall ergibt der Zusammenhang, daß die Leichen danach auf der Erde liegen. In 2Sam 21,8 heißt es im hebräischen Text, daß David fünf Söhne Mikals den Gibeoniten zur Opferung ausgeliefert habe. Zwei Handschriften der Septuaginta und die syrische Übersetzung lesen an dieser Stelle den Namen Merab, deuten also auf die Schwester Mikals. *H.J. Stoebe*, 1. Samuelis, 351; *ders.*, David und Mikal, 96ff und *K.-H. Hecke*, Juda, 271f vertreten die Meinung, daß die Lesung des hebräischen Texts beibehalten werden müsse, daß es also Mikals Söhne waren. Dies sei die meist vorzuziehende »schwierigere Lesart«, während die Lesart Merab als Angleichung an 1Sam 18,19 zu verstehen sei. Dort heißt es, daß Merab mit Adriel von Meḥola verheiratet wurde, der auch in 2Sam 21,8 als Vater der Geopferten genannt wird. Diese Aussage und die Spannung zu 2Sam 6,23, wo es heißt, daß Mikal kinderlos starb, läßt mich jedoch *W. Hertzberg* zustimmen, der schreibt: Dies »macht den ganzen Komplex um die Saulstöchter so verwickelt, daß die Lesart der Versionen den bei weitem plausibleren Weg anzeigt« (Samuel, 316, Anm. 3). Ich bleibe also dabei, daß es Merabs Söhne waren und werde die Stelle bei Mikals Biographie nicht heranziehen.
5   2Sam 21,10. Der hebräische Text sagt: »am Anfang der Ernte«, die Septuaginta: »am Anfang der Gerstenernte«. Die Gerstenernte beginnt in Palästina im April, die Weizenernte im Mai. Das Eintreten des Regens

Frauen auf und neben dem Königsthron (1. Teil)

Was Rizpa nach der Ermordung ihrer beiden Söhne tut, erweist sie als eine ungewöhnlich beherzte Frau. Sie harrt an der Opferstätte aus, obwohl solch ein Platz für den antiken Menschen seine besonderen Schrecken hat. Sie fürchtet sich nicht vor den wilden Tieren und den Raubvögeln, denen sie die Beute verwehrt. Sie hält den Anblick ihrer toten Söhne, die in Verwesung übergehen, und den Leichengestank aus. Doch geht es noch um mehr: Offenbar war mit dieser Art von Opfer, das den Regen herbeizwingen sollte, die Vorstellung verbunden, daß die Leichen nicht bestattet, sondern den wilden Tieren preisgegeben werden mußten. Insofern hatten die Bewohner des Landes, allen voran der König und insbesondere die Gibeoniten, ein starkes Interesse daran, Rizpas Verhalten zu durchkreuzen. Warum das nicht geschah, ist aus der Erzählung nicht klar zu ersehen. Vermuten läßt sich, daß niemand mit ihrem Tun gerechnet hat, daß also die Opferstätte nicht kontrolliert wurde. Auch scheint König David von Rizpas Verhalten erst erfahren zu haben, als der Regen bereits eingesetzt hatte. Deshalb kommt es nicht wie in der griechischen Sage von Antigone zu einem Konflikt zwischen der Pietät für die Toten und der Autorität des Königs. David braucht Rizpa weder an ihrem Tun zu hindern noch sie nachträglich zu bestrafen. Im Gegenteil: Jetzt, nachdem es geregnet hat, kann er die Gebeine der sieben Geopferten ehrenvoll bestatten lassen. So gelingt ihm eine versöhnende Geste in Richtung der Saulssippe. Wenn aber der Regen weiter ausgeblieben wäre?

Rizpas wilde Entschlossenheit, bei den Leichen auszuhalten, ihr Mut gegenüber Menschen, wilden Tieren und den Dämonen der Opferstätte hat auf die Leute damals einen derartigen Eindruck gemacht, daß ihre Tat überliefert wurde. Ihre

---

ist nach der langen Sommerhitze im Oktober fällig. Nur um diesen für das gesamte Leben wie für die Landbestellung entscheidenden Regen kann es sich handeln. Der Spätregen im April kann zwar nützlich sein (diese Zeitannahme bei W. *Hertzberg*, Samuel, 316, Anm. 6), doch kann sein Ausbleiben keinesfalls eine solch schreckliche Opferung rechtfertigen. Bleibt der Oktoberregen aber aus, so ist dies eine Katastrophe für das Land. Die Zeitspanne zwischen der Opferung und dem Eintreffen des Regens kann aus den genannten Gründen nicht mehr als Tage oder höchstens Wochen betragen haben. Deshalb halte ich die Angabe »am Anfang der Ernte« für einen Zusatz im Text, denn die Erzählung kann sich nicht auf die Zeit vor Oktober beziehen.

Mutterliebe hat den Geopferten die Ruhe im Grab ermöglicht, weil nach dem Einsetzen des Regens ihre Gebeine noch vorhanden waren und würdig beigesetzt werden konnten.

2. Abigail oder: Der Kampf um den Racheverzicht (1Sam 25)

Die schönste Geschichte im Alten Testament von einer beherzten Frau ist die von Abigail, der Frau Nabals und späteren Frau Davids. Ob sie historisch genauso verlaufen ist, wie der Erzähler sie vorträgt, muß offenbleiben. Doch läßt sich nicht bezweifeln, daß David eine Frau namens Abigail hatte, die in erster Ehe mit Nabal aus Karmel verheiratet war[6].
Die Beurteilung der großen Rede, mit der sie David zum Racheverzicht bewegt, schwankt bei den Auslegern: Nennt Wilhelm Hertzberg sie ein »Meisterstück«[7], so verurteilen andere Abigail wegen ihrer Geschwätzigkeit. Doch machen wir uns zunächst den Aufbau der Erzählung klar:

Vorstellung (V. 2–3)
Die 1. Szene: Davids Botschaft an Nabal (V. 4–12)
   Zwischenspiel: Davids Reaktion (V. 13)
Die 2. Szene: Abigail erfährt den Vorgang und handelt (V. 14–19)
   Zwischenspiel: Davids Racheschwur (V. 20–22)
Die 3. Szene: Begegnung von David und Abigail (V. 23–27.32–35)
   Abschluß: Nabals Tod; David heiratet Abigail (V. 36–42)
   Ausleitende Bemerkung (V. 43)

---

6 In 1Sam 27,3; 30,5; 2Sam 2,2; 3,3 werden Aḥinoam, die Jesreelitin, und Abigail als Frauen Davids genannt, wobei letztere immer als Frau Nabals, des Karmeli, bezeichnet wird. *B. Halpern*, Import, 511ff hat die Theorie aufgestellt, diese Abigail sei identisch mit jener Abigail, die in 1Chr 2,16 zusammen mit Zeruja als Davids Schwester genannt wird. Die Angabe, diese Schwester sei die Mutter Amasas gewesen (1Chr 2,17), deckt sich mit der Notiz im 2Sam 17,25, während der Sohn Abigails, der Frau Nabals, in 2Sam 3,3 Kileab heißt. Halpern übersieht einen gewichtigen Umstand: Davids Schwester Abigail muß etwa 20 Jahre älter gewesen sein als er. Das macht die Vermutung, daß er sie auch zur Frau genommen habe, völlig unwahrscheinlich. Ihr Alter ergibt sich daraus, daß Amasa, der Sohn von Davids Schwester, etwa im Alter Davids bzw. der Söhne Zerujas gewesen sein muß, keinesfalls viel jünger. Also belassen wir es dabei, daß David eine Schwester Abigail hatte, die etwa eine Generation älter war als er, und eine Frau Abigail etwa in seinem Alter. Zur Familie Davids siehe unten S. 129ff.
7 *W. Hertzberg*, Samuel, 165.

a) Die Vorstellung (1Sam 25,2–3)

Was erfahren wir am Anfang der Erzählung über Abigail? Sie ist die Frau eines reichen Viehzüchters (dieser besitzt 3000 Schafe und 1000 Ziegen). Nun folgt gleich der Anlaß der Geschichte: Nabal feiert sein Schafschurfest. Das war das Erntefest der Kleinviehzüchter und wurde bei den Wohlhabenden über mehrere Tage gefeiert. Während des Festes mußten die Knechte und Tagelöhner reichlich verpflegt werden. An diese Angabe in V. 2 schließt sinngemäß gleich V. 4 an, wo David von diesem Fest hört. 25,3, wo uns Nabal und seine Frau ausgiebig vorgestellt werden, stellt einen Einschub dar. Abigail, so erfahren wir, sei von scharfem Verstand und schönem Aussehen gewesen. Von ihrem Mann hingegen heißt es, daß er hart und sein Taten böse waren. Ein moralisches Urteil über die Personen und ihren Charakter pflegt der hebräische Erzähler bei der Vorstellung sonst nicht abzugeben. Deshalb halte ich V. 3 für einen Zusatz zur ursprünglichen Geschichte. Er will uns gegen Nabal und für Abigail einnehmen. Wir werden jedoch die Geschichte besser verstehen, wenn wir uns nicht von vornherein gegen Nabal beeinflussen lassen. Erst dann wird die Auseinandersetzung zwischen Abigail und ihrem Mann ihre volle Dramatik gewinnen.

b) Die 1. Szene: Davids Botschaft an Nabal (1Sam 25, 4–12)

David wird uns nicht vorgestellt, denn wir befinden uns inmitten eines Zyklus von Daviderzählungen. Auch wenn unsere Geschichte erst später in diesen Zyklus hineingekommen ist, so wird sie doch offensichtlich für diesen Ort geschaffen worden sein. Deshalb kann der Erzähler auch als bekannt voraussetzen, daß David mit seinen Leuten in dem Südgebiet Judas in den Bergen lebt. Ebensoleicht kann sich der Hörer vorstellen, daß es im Gebirge nicht allzuviel zu essen gibt. Auch ist ihm bekannt, daß solche Banden wie die, deren Anführer David ist, gern ›Schutzgebühren‹ von den Hirten erheben, wenn sie deren Herden unbehelligt gelassen haben[8].

---

8 So wird es noch heute z.B. von den Tuareg in Afrika gehalten.

Die zehn jungen Leute, die zu Nabal kommen, richten eine lange und höfliche Botschaft Davids aus, deren Kern der guten Behandlung gilt, welche Nabals Herden im Gebirge erfahren haben. Das ist ein deutlicher Wink mit dem Zaunpfahl. In etwas kürzerer Rede antwortet Nabal. Er spricht verächtlich von David als einem Knecht, der seinem Herrn, König Saul, entlaufen sei. So bewertet er Davids Flucht von Sauls Hof. Implizit stellt sich damit Nabal in dem Konflikt zwischen Saul und David auf die Seite Sauls. Wenn er im Folgenden Davids Forderung ablehnt, so ist das nicht nur oder nicht in erster Linie Geiz, sondern es handelt sich um eine politische Entscheidung. Als ehemaliger Offizier des Königs, als Abtrünniger, ist David ein Nichts in den Augen Nabals. Dieser würde seinen König verraten, wenn er einem solchen Mann etwas geben würde. Natürlich steht dahinter auch die starke Abneigung des Herdenbesitzers gegen solche Räuberhäuptlinge in den Bergen, die nichts arbeiten und auf anderer Leute Kosten leben wollen. Solches Gesindel soll er auch noch füttern!
Ich meine, Nabals Standpunkt ist gut zu verstehen und in sich logisch. Weder Dummheit noch Geiz lassen ihn diese Antwort geben. Es geht für ihn um die ›Klassenfrage‹ und um die Treue zum König. Vielleicht war Nabal, wie V. 3 behauptet, ein harter Mann, aber dann doch im Sinne einer entschiedenen Parteinahme.

c) Die 2. Szene: Abigail erfährt den Vorgang und handelt (1Sam 25,14–19)

Nach einem kurzen Zwischenbericht über Davids Reaktion auf Nabals Antwort (V. 13) spielt die nächste Szene wieder auf Nabals Hof. Ein Knecht berichtet Abigail, was vorgefallen ist, und schließt seinen Kommentar an: Das kann nicht gut ausgehen. Davids Rache ist zu erwarten. Mit einer für einen Knecht ungewöhnlichen Respektlosigkeit begründet er, warum er zur Herrin geht und nicht zu seinem Herrn: Der ist ein Nichtsnutz, mit dem man nicht reden kann. *baen-b^{e}lîja'al* (»Nichtsnutz, Abschaum«) ist ein starkes Schimpfwort.
Dürfen wir daraus folgern, daß es auf dem Hof eine deutliche Parteiung gab: hier der Herr, der zu König Saul hält und den Standpunkt der Besitzer vertritt, dort Abigail und

der Knecht, die zu David halten und in deren Augen es unklug ist, eine Räuberschar derart vor den Kopf zu stoßen? Es scheint schon manche harte Auseinandersetzung vorausgegangen zu sein. Also stellt Abigail eine großzügige Gabe für David zusammen. Die Szene schließt mit dem Satz, daß Abigail fortreitet, ohne ihrem Mann ein Sterbenswörtchen zu sagen. Das läßt auf eine schwere Konfrontation schließen, die sich so verfestigt hat, daß ein Gespräch zwischen beiden nicht mehr möglich ist.

d) Die 3. Szene: Abigail und David (1Sam 25,23–27.32–35)

Nach einer Zwischenbemerkung, die einerseits die Begegnung vorbereitet (V. 20) und andererseits – an V. 13 anknüpfend – Davids Stimmung und Vorhaben verdeutlicht (V. 21–22), treffen die beiden aufeinander. Abigail fällt David zu Füßen und beginnt dann ihre Rede, die darauf hinausläuft, daß Jahwe durch sie David davon abhält, in Blutschuld zu geraten und sich mit eigener Hand zu helfen. Jahwe wird auch dementsprechend mit Nabal verfahren und mit allen Feinden Davids (V. 26). Das könnte eine Anspielung auf König Saul sein. Abigails Rede ist weder gut aufgebaut noch klar in der Argumentation. Ich denke, daß an ihr herumgebastelt worden ist, besonders in V. 25, wo Abigail ihren Mann beschimpft und seinen Namen als »Dummkopf« deutet. Betrachten wir jedoch diese Rede rückwärts von der Antwort Davids aus, so wird ihr Hauptgedanke klar. David hebt heraus, was für ihn, den künftigen König – das wissen die Hörer der Geschichte –, wichtig ist: nicht Blutschuld auf sich geladen und sich nicht mit eigener Hand geholfen zu haben[9].

Das ist zugleich die Botschaft, die der Erzähler durch diese Geschichte vermitteln will: Die Zeit der Rache ist vorbei, die Zeit des Rechts beginnt. Nicht mehr die eigene Faust verschafft Rache und »Recht«, sondern das Gericht, verkörpert in der Person des Königs wie in den Ortsgerichten im Tor.

---

9   1Sam 25,28–31 halte ich für einen späteren Zusatz. Das ergibt sich erstens daraus, daß Abigail in V. 27 bereits die Gabe überreicht hat, was als Abschluß der Rede sinnvoll ist, nicht jedoch vorher. Zweitens weist der Ausdruck »ein beständiges Haus« (*bajit nae'aemān*) auf die Sprache der deuteronomistischen Schule des 6. Jh.s v.Chr.; vgl. 2Sam 7,16; 1Kön 11,38.

Jedoch: Wer als König Recht schaffen, der Selbsthilfe wehren und die Blutrache beendigen will, der hat nur dann Autorität, dies zu tun, wenn man ihm nicht vorwerfen kann: »... aber du hast doch damals selbst Nabal das Haus über dem Kopf angezündet, als er dich beleidigt hatte.« Um seiner künftigen Aufgabe als König willen, das sagt David implizit, hat Jahwe ihn bewahrt vor Blutschuld, Rache und Selbsthilfe. Abigail war Jahwes Botin, die es vermochte, den glühenden Zorn und Rachedurst in seinem Herzen zu überwinden. Dafür lobt David Jahwe und Abigail.

Der Verfasser des Einschubs V. 28–31 fand, daß alles, was in der bisherigen Rede zwischen den Zeilen stand, noch einmal deutlich und kräftig gesagt werden mußte, weil der Hintergrund seiner Zeit nicht mehr ohne weiteres verständlich war. Daher schuf er diesen Zusatz.

e) Der Abschluß: Nabals Tod; David heiratet Abigail (1Sam 25,36–42)

Zum ersten Mal begegnen sich in dieser abschließenden Szene Abigail und Nabal. Als sie auf den Hof zurückkommt, ist Nabal so stockbesoffen, daß sie nicht mit ihm redet. Doch will uns der Erzähler den Eindruck vermitteln, daß für Nabal dieser letzte Tag seines bewußten Lebens erfreulich verlief: »Er war beim Gelage in seinem Haus, bei einem Gelage wie das eines Königs, sein Herz war in guter Stimmung, und er war völlig besoffen.« (V. 36)

Also findet die Begegnung der Ehegatten am nächsten Tag statt, als Nabal seinen Rausch ausgeschlafen hat. Seine Frau erzählt ihm, was sie getan hat, sei es, damit er es nicht vom Gesinde, sondern von ihr erfährt, sei es, weil sie dabei ihren Triumph auskosten will: »Siehst du, während du gefeiert hast, habe ich den Hof gerettet, denn David hat gesagt ...« Kam Nabal sich vor wie der Reiter über den Bodensee, weil er noch am Leben war? Oder barst er vor Wut über seine Frau, die es gewagt hatte, hinter seinem Rücken zu handeln? Sie hatte nicht nur seinem ›Klassenfeind‹, sondern zugleich dem Rivalen des Königs geholfen. Der alte Streit war aufs neue entflammt. Nach dem übermäßigen Alkoholgenuß noch der Schrecken und die Wut – das war zuviel für ihn. Ob nun Schlaganfall oder Herzinfarkt: Er liegt noch zehn Tage gelähmt da »wie ein Stein« und stirbt. »Jahwe schlug ihn«, interpretiert der fromme Erzähler. David hatte es wirklich nicht nötig, sich mit eigener Hand zu helfen. Wieder wird in einer Zwischenszene kurz berichtet, wie David die Nachricht vom Tod Nabals aufnimmt und Jahwe lobt. Noch einmal klingt das Leitmotiv des Erzählers auf: David wurde zurückgehalten, Böses zu tun. Er sendet seine jungen Leute zum Hof und läßt Abigail fragen, ob sie seine Frau werden will. Happy end.

Unsere Erzählung ist die Geschichte einer beherzten Frau, wie es solche in der Zeit des Erzählers und seiner Hörer gegeben haben muß, wenn die Verhaltensweise Abigails glaubhaft sein soll. Mit ihr hat der Erzähler einen Beitrag geleistet zur Entfaltung der Königsideologie in Israel. Daß er dabei die entscheidenden Sätze einer Frau in den Mund legt, halte ich nicht für Zufall.

Exkurs: Racheverzicht und Königsrecht

Der Erzähler greift mit dieser Geschichte offensichtlich in eine aktuelle Diskussion seiner Zeit ein. Es geht dabei um die Recht schaffende Funktion des Königtums. Deshalb füge ich an dieser Stelle einen rechtsgeschichtlichen Exkurs ein.

»Auge um Auge, Zahn um Zahn ...« ist einer der bekanntesten und am meisten zitierten Sätze aus dem Alten Testament. Schon die Kinder halten ihn uns entgegen, wenn wir ihnen Vorhaltungen wegen einer Rauferei machen. Das sogenannte Talionsprinzip – Vergeltung nach dem Maß und in der Weise, wie einem Unrecht angetan worden ist – kommt auch in den anderen Rechtskulturen des Alten Orients vor, ist also nichts Spezifisches für Israel. Doch wie hier hat es auch dort eine rachebegrenzende Funktion: Wer zurückschlägt, darf nicht für einen verlorenen Zahn zehn Zähne ausschlagen, sondern eben nur einen. Wer eine Wunde empfangen hat, darf dafür nicht den anderen töten. In dem alten Lamekspruch hieß es noch:

»Ada und Zilla, hört auf meine Stimme!
Ihr Frauen Lameks, lauscht meiner Rede!
Ja, einen Mann erschlage ich für eine Wunde
und einen Knaben für eine Strieme.«[10]

---

10   Gen 4,23–24 (nach der Einheitsübersetzung).

Diesem Prinzip der vielfachen Vergeltung steht die Talionsformel als begrenzendes Element gegenüber. Sie hebt jedoch die Vergeltung »mit eigener Hand« nicht auf, sondern bleibt im Vergeltungsprinzip gefangen. Dieses Vergeltungsprinzip hatte in der alten Zeit seine zwei Seiten, besonders hinsichtlich der Blutrache: Auf der einen Seite wirkte es durch die Androhung der Vergeltung lebenssichernd und bewies eine abschreckende Wirkung gegenüber vielen Formen der Brutalität. Noch bis in die Neuzeit kann man feststellen, daß bei Sippen, die an der Blutrache festhalten, die Tötungshemmung sehr stark ist, da man die Vergeltung fürchtet. Auf der anderen Seite trägt die Vergeltung mit eigener Hand jedoch zwei Gefahrenmomente in sich: Sie erfolgt meist so spontan, daß oft ein Unschuldiger statt eines Schuldigen getroffen wird, da keine genaue unparteiische Untersuchung stattfindet, und sie erfolgt im Affekt, in der Wut und deshalb ohne vernünftiges Maß.

Deshalb hat es schon in den frühen Zeiten der Menschheit die Einsicht gegeben, daß Vergeltung nicht zwischen den Kontrahenten erfolgen sollte, sondern daß es besser sei, einen Dritten einzuschalten, der zwischen ihnen vermittelt, der über Schuld und Unschuld befindet, ein vernünftiges Strafmaß festsetzt und nach Möglichkeit eine Versöhnung herbeiführt. War die Rechtsverletzung innerhalb der Sippe geschehen, so konnten die Sippenältesten diese vermittelnde und Recht schaffende Funktion ausüben. Ging es hingegen um einen Konflikt zwischen der einen und der anderen Gruppe, dann war es gut, wenn man eine/n weise/n und angesehene/n Frau/Mann aus einer dritten Gruppe kannte, der/dem man den Fall vorlegte und deren/dessen Entscheidung sich die Kontrahenten unterwarfen. In den Städten, in denen Menschen aus verschiedenen Sippen, ja Völkern zusammenwohnten, bildete sich die Torgerichtsbarkeit aus. Das Stadttor war der Ort, an dem man am ehesten die Leute mit Autorität antreffen konnte.

Als das Königreich in Israel entsteht – eine entsprechende Entwicklung gab es längst vorher in den Kulturen des Alten Orients –, zieht der König diese schiedsrichterliche Funktion an sich und wird eine Rechtsautorität, die man unmittelbar anrufen kann oder die als Berufungsinstanz über dem Sippen- bzw. Torgericht fungiert. Für das letztgenannte haben wir ein Beispiel in der Geschichte, die die weise Frau von

Frauen auf und neben dem Königsthron (1. Teil)

Tekoa König David erzählt, als wäre sie eine Witwe, die gegen das Familiengericht an den König appelliert. Da David auf diesen fingierten Rechtsfall hereinfällt, muß er eine hohe Glaubwürdigkeit gehabt haben, also keinen Ausnahmecharakter[11]. Auch als Absalom seinen Aufstand vorbereitet und den Leuten im Tor des Königspalastes Hilfe in ihrem Rechtsstreit verspricht, wird vorausgesetzt, daß viele Menschen Recht suchend zum König kommen[12].
Ein solches Schiedsgericht setzt auch Hiob voraus, wenn er in seiner Anklage gegen Gott sagt:

»Denn du bist kein Mensch wie ich, dem ich entgegnen könnte:
Laß uns zusammen zum Gericht gehen!
Gäbe es doch einen Schiedsmann zwischen uns,
er soll seine Hand auf uns beide legen!«[13]

Auch die beiden »weisen Frauen«, von denen in 2Sam 14 und 20 die Rede ist, können solche schiedsrichterliche Funktion in ihren Städten ausgeübt haben. Ist es ein Zufall, daß zwei »weise Frauen« – im Sinne einer bekannten »Institution« offensichtlich – im 2. Buch Samuel, also für die Zeit des 10. Jh.s v.Chr., genannt werden, danach jedoch niemals mehr?
Selbsthilfe, direkte Rache und Vergeltung *oder* der Gang zum Schiedsrichter, zum Richter, zum König – diese Problematik scheint in der Zeit der beginnenden Staatlichkeit in Israel eine der großen Fragen gewesen zu sein, mit der sich die geistig führenden Köpfe befaßten. Hier ist auch eine Antwort auf die Frage gegeben: Brauchen wir einen König und, wenn ja, wozu? Er hat oder sollte zumindest die Autorität des Schiedsrichters haben: nicht nur die Autorität der überlegenen Weisheit und der moralischen Integrität, sondern auch die Macht, den Rechtsanspruch durchzusetzen, wenn der Rechtsverletzer sich dem Spruch nicht fügen will.
Insofern haben wir es in 1Sam 25 mit einer Geschichte zu tun, die den großen rechts- und kulturgeschichtlichen Umbruch jener Zeit widerspiegelt, den Umbruch von der Selbsthilfe zur Autorität des Rechts, das jedoch die moralische Überlegenheit des Richtenden voraussetzt, der sich also nicht

11 2Sam 14,5–9.
12 2Sam 15,2–6.
13 Hi 9,32–33 (nach der Einheitsübersetzung).

selbst »mit eigener Hand« geholfen haben darf. Wie will er sonst anderen vorhalten, daß sie dies tun? Ich denke, daß der Erzähler mit dieser Geschichte ganz bewußt in jene Diskussion eingegriffen und für das Königsgericht, jedoch auch für die moralische Anforderung an den König plädiert hat. In dieser Erzählung gibt eine Frau das entscheidende Stichwort.

3. Mikal oder: Die Tragödie einer Königin (1Sam 18,20–28; 19,11–17; 25,44; 2Sam 3,12–16; 6,16–23; 21,8)

Die ›Biographie‹ Mikals müssen wir uns aus vier Episoden und zwei Kurzbemerkungen zusammensetzen. In einer Episode ist ihre Liebe zu David das Moment, das die Handlung in Gang setzt, in zwei anderen darf sie handelnd auftreten, in der vierten bleibt sie reines Objekt des Handelns der Männer. Bei der zweiten Kurzbemerkung ist umstritten, ob es überhaupt um Mikal geht[14].

a) Mikal liebt David (1Sam 18,20–28; 19,11–17; 25,44)

»Und es gewann Mikal, Sauls Tochter, David lieb.«[15] Das ist das erste, was wir über Mikal erfahren. Der Satz ist deshalb so bemerkenswert, weil wir in den Erzählungen des Alten Testaments sonst niemals einen Hinweis darauf finden, daß in der Liebesbeziehung die Frau auf den Mann zugeht. Auch bei dem Verb 'hb (»lieben«) ist stets der Mann das Subjekt; dasselbe gilt mutatis mutandis auch von dem Nomen 'ah^{a}bā (»Liebe«). Von ihr ist selten genug die Rede; und wenn doch, meist in dem Zusammenhang, daß der Frau daran liegt, dem Mann zu gefallen, von ihm geliebt zu werden. Ihre Gefühle sind unwichtig. Damit hat sich der männliche Standpunkt voll durchgesetzt: »Sei glücklich, daß ich dich liebe!« Allerdings kann auch die Frau den Mann mit dem Zweifel quälen: »Du liebst mich ja gar nicht!«, wie es die beiden Frauen tun, mit denen Simson verbunden war. Sie wollen ihm mit dem Zweifel an seiner Liebe sein Geheimnis entreißen[16].

---

14 Zu 2Sam 21,8 siehe oben S. 102, Anm. 4.
15 1Sam 18,20.
16 Ri 14,16; 16,15.

Frauen auf und neben dem Königsthron (1. Teil) 113

Mikal liebt David. Das ist die Entscheidung der Frau für enen Mann, wie sie eigentlich zur matrilinearen Familienstruktur gehört. Wie schwierig ist es noch heute für eine Frau, offen um einen Mann zu werben! Doch Mikal hat Glück: Was ihr Herz wünscht, paßt in die politischen Pläne ihres Vaters, sei es, daß er von vornherein Böses gegen David im Schilde führt, sei es, daß erst eine spätere Redaktion die Sache so darstellt, während Saul den aufstrebenden jungen Offizier zunächst nur fest an sein Haus binden will.
Die Tragödie Mikals beginnt in dem Augenblick, wo ihr Vater gegen den jugendlichen Helden David mißtrauisch wird und ihn erst im Affekt, dann auch mit Überlegung zu töten versucht. Die Texte in 1Sam 18–20, die davon berichten, sind offensichtlich in Unordnung geraten.
Die älteste Überlieferung hatte etwa folgenden Inhalt[17]: David ist als Harfenspieler an Sauls Hof geholt worden (1Sam 16,14–23), schließt dort Freundschaft mit Jonatan (18,1.3–4), bewährt sich im Kampf gegen die Philister (18,5), wird von Mikal geliebt und geheiratet (18,20.21a.22a.26a.27), erringt einen großen Sieg gegen die Philister (18,30 oder 19,8), wird von den Frauen mit einem Siegeslied begrüßt, das Sauls Eifersucht erregt (18,6–9), so daß dieser seinen Spieß nach dem Harfenspieler wirft (18,10–11). Daraufhin traut sich David nicht mehr in Sauls Nähe, verabredet sich aber mit Jonatan, daß dieser herauszubekommen versucht, wie ernst der Speerwurf gemeint war (20,1–13*). Beim Neumondfestessen fehlt David deshalb an zwei Tagen am Tisch Sauls. Dessen Zornesausbruch überzeugt Jonatan davon, daß sein Vater Davids Tod plant, zumal Jonatans Vermittlungsversuch dazu führt, daß Saul den Spieß sogar nach seinem Sohn wirft (20,24–34). An dieser Stelle fehlt eine Notiz, daß Jonatan seine Schwester Mikal informiert, so daß diese, wie 19,11–17 berichtet, David zur Flucht verhelfen kann, obwohl die Tür seines Hauses bereits bewacht wird. Um ihm einen Vorsprung zu verschaffen, täuscht sie mit Hilfe eines Teraphim (= Gesichtsmaske?), eines Ziegenhaargeflechts und einer Decke vor, daß David krank im Bett liege. Erst als Saul befiehlt, den Kranken mitsamt dem Bett zu ihm zu bringen, kommt der Betrug heraus. Saul rächt sich, indem er Mikal Paltiel ben Lajiš aus Gallim zur Frau gibt[18].

17 *H. Schulte*, Entstehung, 115–120.

Mikal spielt in zweien dieser Berichte eine aktive Rolle: Wie sie durch ihre Liebe zu David und die daraus folgende Ehe seinen Aufstieg fördert, so verhilft sie ihm, als der Konflikt lebensbedrohend wird, zur Flucht[19]. In dem entstandenen Loyalitätskonflikt zwischen ihrem Vater und ihrem Mann hält sie zu David. Was sie empfunden hat, als sie ihn – auf die Gefahr des Nimmerwiedersehens hin – vom Dach herabließ, interessiert den Erzähler nicht; ebensowenig, was es für sie bedeutet, nun zwangsweise die Frau eines anderen Mannes zu werden. Saul hatte als Familienoberhaupt das volle Recht, seine Tochter einem anderen zu geben, weil sie jetzt ohne Mann dastand. Wir kennen interessante Parallelen aus dem babylonischen und assyrischen Recht über die Wiederverheiratung bei langer Abwesenheit des Mannes. Kehrt der Mann dennoch aus Kriegsgefangenschaft oder von einer langen Reise zurück, so hat er das Anrecht auf die Frau, nur nicht auf die Söhne, die sie inzwischen dem anderen geboren hat[20].

Was mag Mikal empfunden haben, als Paltiel sie in sein Haus nahm? Können wir das über den Abstand der 3000 Jahre hinweg nachempfinden? Oder müssen wir davon ausgehen, daß es der Frau damals leichter fiel, den Geschlechtsverkehr und die erotische Bindung voneinander zu trennen? Wie wir sehen werden, hat ihr zweiter Mann Mikal sehr liebgewonnen. Ob das die Sache für Mikal leichter oder schwerer gemacht hat? Es ist kaum zu ertragen, wenn ein anderer sich um Gegenliebe bemüht, zu welcher das eigene Herz nicht fähig ist, weil es an dem ersten Mann hängt, der zudem immer noch lebt und folglich wiederkommen kann. Allerdings ist nicht auszuschließen, daß Mikal David vergessen hat und mit Paltiel glücklich geworden ist. Die Texte schweigen über ihr Empfinden. Wir sind deshalb auf bloße Vermutungen angewiesen.

b)   Mikals Rückkehr zu David (2Sam 3,12–16)

In Mikals Leben mit Paltiel – glücklich oder unglücklich – bricht nach mehreren Jahren Abner ein, der sie zu David

---

18   1Sam 25,44.
19   Zum Folgenden vgl. auch *A. Berlin*, Characterisation, 70ff.
20   Codex Hamurabi, § 135, in: TUAT I/1, 59 (vgl. jedoch § 136).

zurückbringen soll. Um wie viele Jahre es sich handelt, wissen wir nicht, denn es ist uns unbekannt, wie lange David versuchte, sich in der Wüste Juda gegen Saul zu behaupten. Hingegen wissen wir, daß er anderthalb Jahre im Philisterland lebte und danach zweieinhalb Jahre in Hebron, bis auch die Nordstämme ihn als König anerkannten, zusammen also vier Jahre. Dazwischen liegt der Tod Sauls und dreier seiner Söhne auf dem Berg Gilboa, das Königtum Išba'als in Maḥanajim, Abners Verrat und seine Verhandlungen mit David. Bei Abners erster Fühlungnahme mit ihm stellt David die Bedingung:

»Gut, ich werde einen Bund mit dir schließen, nur eine Sache fordere ich von dir: Du wirst mein Angesicht nicht sehen, bevor du nicht Mikal, die Tochter Sauls, vor mich gebracht hast, wenn du kommst, mich zu sehen.«[21]

Über Davids Motive zu dieser Bedingung können wir nur Vermutungen anstellen. Was es Liebe zu Mikal, das Begehren, sie wiederzusehen? War es der Zorn darüber, daß Saul seine Frau einem anderen gegeben hatte? Ging es ihm also um die Wiederherstellung seiner Ehre und seines Besitzstands? Oder spielte das politische Motiv die Hauptrolle, daß die Tochter Sauls den künftigen König legitimierte, daß er damit ein Übergewicht gegenüber dem Saulssohn Išba'al gewann? Wie dem auch sei – David stellt die Bedingung, und Abner erfüllt sie.

Doch trifft David mit der Antwort an Abner gleichzeitig eine Maßnahme, die seine hohen politischen Fähigkeiten erweist. Er muß ja davon ausgehen, daß sich Abner, wenn er plötzlich Mikal ihrem Mann wegnimmt und sie zu David führt, bei seinem König Išba'al höchst verdächtig macht. Dann kann Abner nicht mehr zurück und ist unfrei in den Verhandlungen mit David. Also sendet David eine Botschaft an Išba'al, er möge ihm seine Frau Mikal zurückgeben, die er sich um 100 Vorhäute erworben habe[22]. Wird diese Forderung im Kronrat besprochen, kann Abner auf die Rechtslage hinweisen, die für David spricht, und kann sich erbieten, die heikle Aufgabe selbst zu übernehmen. So hat er ei-

---

21 2Sam 3,13.
22 2Sam 3,14.

nen guten Grund für den Weg nach Ḥebron und setzt sich nicht dem Verdacht aus, einen Verrat zu begehen. Wird er sich mit David nicht einig – es geht immerhin um den Posten des Feldherrn, den Joab innehat –, kann er zu seinem König Išbaʿal zurückkehren, als wäre nichts geschehen. Er hat ja nur Mikal sicheres Geleit nach Ḥebron gegeben.
Manche Exegeten, vor allem Martin Noth[23], haben diesen Abschnitt 2Sam 3,12–16 allerdings ganz anders aufgefaßt. Aus der doppelten Botschaft Davids an Abner bzw. Išbaʿal haben sie den Schluß gezogen, daß hier zwei verschiedene Traditionen zusammengekommen sein müßten. Nach der einen habe David seine erste Frau von Išbaʿal zurückgefordert, was mit 1Sam 18–20; 25,44 übereinstimme. Nach der anderen sei er mit Mikal nie verheiratet gewesen, sondern habe von Abner die Saulstochter als Preis für den Bund, den er mit ihm schließen will, gefordert, um damit seine Herrschaft zu legitimieren. Alles, was in 1Sam 18–20 erzählt wird, sei folglich ein hübsches Märchen vom jugendliche Helden, der die Hand der Prinzessin gewinnt. Mit den historischen Vorgängen habe das nichts zu tun. Ich halte diese Meinung nicht für richtig, traue vielmehr den Texten in 1Sam 18–20 ein gewisses Maß an historischem Gehalt zu und betrachte – wie dargelegt – die Sache mit den beiden Botschaften an Abner und Išbaʿal als eine Maßnahme der besonderen staatsmännischen Klugheit Davids.
Mitten in diesem politischen Spiel findet sich plötzlich eine ›menschliche‹ Notiz. Abner hat Mikal Paltiel weggenommen: »Und ihr Mann ging mit ihr und weinte hinter ihr her bis nach Baḥurim. Abner jedoch sprach zu ihm: ›Geh! Mach, daß du fortkommst! Da kehrte er um.‹«[24]
Ich hatte diese Stelle schon vorweggenommen, als ich sagte, daß Paltiel, ihr Mann, Mikal liebte, während wir über ihre Gefühle nur Vermutungen anstellen können[25]. Er liebte sie so sehr, daß er ihr weinend folgte, als ließe sich der harte Eingriff der Politik in sein persönliches Schicksal noch wenden. Wenigstens kann er den Abschied auf diese Weise hinauszögern.

---

23 *M. Noth*, Geschichte Israels, 170; *K.-H. Hecke*, Israel und Juda, 269ff.
24 2Sam 3,16.
25 Siehe oben S. 114.

Selten zeigen in den alten Erzählungen Israels Menschen ihre Gefühle. In den vier Kurzgeschichten, in denen Mikal vorkommt, tun sie es jedoch dreimal: Mikal liebt David; Paltiel weint um Mikal; Mikal verachtet David[26]. Drei sparsame Notizen. Doch denke ich, daß die Erzähler damit ein Menschenschicksal – ein Frauenschicksal – auch nach seiner Innenseite haben andeuten wollen.

Die alte Liebe Mikals scheint bei ihrer Rückkehr zu David nicht wiedergekehrt zu sein. Warum nicht? Hat sie inzwischen Paltiel liebgewonnen? Oder kehrt sie aus der zweiten Ehe mit großen Erwartungen zu ihrem ersten Mann zurück, um feststellen zu müssen, daß dieser sich inzwischen einen Harem zugelegt hat? In 2Sam 3,2–5 werden sechs Frauen genannt, die David in Ḥebron Söhne geboren haben. Muß Mikal jetzt mit Bitterkeit feststellen, daß sie nur noch eine von vielen war, wenngleich sie als Davids erste Frau rechtlich eine Vorrangstellung eingenommen haben mag? Oder spürt sie, daß David sie nur aus politischen Gründen hat holen lassen?

c) Mikal verachtet David (2Sam 6,16–23)

Bei diesen Fragen habe ich vorausgesetzt, daß die Notiz in 2Sam 6,16, daß Mikal David verachtet, nicht nur eine Reaktion darauf ist, daß David vor der Bundeslade tanzt und sich dabei entblößt, sondern Ausdruck einer tiefen Entfremdung, wie sie auch in dem folgenden Kurzdialog zum Ausdruck kommt[27].

---

26 1Sam 18,20; 2Sam 3,16; 2Sam 6,16.20–22.
27 In der Literatur gibt es auch eine andere Deutung des Konflikts zwischen David und Mikal (vgl. *F. Stolz*, Samuel, 217f). Danach vertreten sie zwei Bevölkerungsschichten: David die dem kanaanäischen Brauchtum gegenüber aufgeschlossenen Kreise, Mikal die am alten Brauchtum festhaltende Bevölkerung, die den neuen Sitten gegenüber nur Verachtung aufbringt. Daß es solche Spannungen gab, läßt sich nicht bestreiten, doch im Sinne des Erzählers ist die persönliche Deutung angemessen. Das ergibt sich auch aus den drei ›menschlichen‹ Notizen, die wir fanden. Dagegen kann man einwenden, der Erzähler von 1Sam 18,20 sei ein anderer als der von 2Sam 3,16 und der von 2Sam 6,16. Ich halte jedoch den Erzähler von 2Sam 6,16 (in diesem Teil der Erzählung von der Ladeeinführung nach Jerusalem) für identisch mit dem von 2Sam 3,16 und nehme an, daß er sein Werk unter Kenntnis der Geschichte von Davids Aufstieg (also von 1Sam 18,20) geschrieben

Voller Ironie redet Mikal David an:

»Wie ehrenvoll hat sich heute der König von Israel benommen, daß er sich heute vor den Augen seiner Mägde entblößte, wie sich nur einer von den Heruntergekommenen entblößt.«[28]

David antwortet:

»Vor Jahwe will ich tanzen, ja ›spielen‹ ($ṣḥq$) will ich vor Jahwe, und ich will gern noch geringer sein, ja ganz niedrig in deinen Augen. Was aber die Mägde angeht, von denen du geredet hast: Bei denen will ich mich zu Ehren bringen.«[29]

Wie unverschämt diese Antwort der Königin gegenüber ist, erkennt man, wenn man bedenkt, daß schon das Wort »spielen« ($ṣḥq$) im Hebräischen eine sehr weite Bedeutungsskala hat, die »Liebesspiele« einschließt[30]. Ganz offensichtlich aber ist das »sich zu Ehren bringen« auf den Geschlechtsverkehr bezogen. »Bei den Mägden werde ich mir im Bett schon Respekt zu verschaffen wissen«, könnte man Davids Antwort umschreiben. So hart stehen sich König und Königin gegenüber, knallen sich mit Worten Ohrfeigen ins Gesicht und beleidigen sich öffentlich – wie ich vermute.

Der Erzähler schließt mit dem Satz: »Mikal jedoch, die Tochter Sauls, hatte kein Kind bis zu ihrem Tod.«[31] Ich denke, daß er hier nicht eine Bestrafung Mikals durch Jahwe andeuten wollte, wie einige Exegeten es auffassen[32], sondern daß für ihn in der Kinderlosigkeit das Unglück in Mikals Leben manifest wird. Mit diesem Satz bringt er sein tiefes Mitgefühl mit ihrem tragischen Schicksal zum Ausdruck.

---

und bewußt als dessen Fortsetzung gestaltet hat. Nur insofern kann man die drei ›menschlichen‹ Notizen als zusammengehörig ansehen.
28 2Sam 6,20.
29 2Sam 6,21a*.b.22. Bei der Übersetzung ist nach der Septuaginta »tanzen« ergänzt und »in deinen Augen« statt »in meinen Augen« (hebräischer Text) gelesen. Die Wendung »der mich erwählt hat anstelle deines Vaters und seines ganzen Hauses und mich zum Anführer über das Volk Jahwes, über Israel, bestellt hat« ist ein späterer Zusatz.
30 $ṣḥq$ kann »lachen, spielen, tanzen, spotten« heißen und Liebesspiele einschließen.
31 2Sam 6,23.
32 W. Hertzberg, Samuel, 230; F. Stolz, Samuel, 218. Anders K. Budde, Samuel, 232.

Frauen auf und neben dem Königsthron (1. Teil)

4. Batšeba – Ehebrecherin und Königinmutter (2Sam 11–12; 1Kön 1–2)

a) Die Ehebrecherin (2Sam 11–12)

Während das Heer Israels Rabat Ammon belagert, König David sich jedoch in Jerusalem aufhält, geht er einmal gegen Abend auf dem Dach des Palastes spazieren. Er sieht auf die Dächer der Stadt hinunter und in die Höfe hinein. Sein Blick wird von einer schönen jungen Frau gefesselt, die sich ein Bad bereitet hat. War es Zufall oder stand die Absicht dahinter, vom König droben auf dem Dach des Palastes gesehen zu werden? Batšeba war ja die Frau eines Offiziers im Heer Israels und also schon seit längerer Zeit ohne die Gesellschaft ihres Mannes. Ob es ihr um etwas Abwechslung ging? Der Erzähler läßt uns bei der Antwort auf diese Frage im Stich. Doch eines macht er deutlich: Als sie nun in den Königspalast geholt wird, kommt es nicht zu einer Vergewaltigung, sondern zu einer Vereinigung aus gegenseitigem Einverständnis heraus[33].

Als Batšeba bemerkt, daß sie schwanger ist, und dies David meldet, kommt alles Weitere in Gang. Sie muß sich vor der Schande und Bestrafung wegen Ehebruchs retten. Faktisch liefert sie damit ihren Ehemann dem König aus, denn nur einer von ihnen kann am Leben bleiben, es sei denn, Davids List gelänge, daß Urija das Kind für sein eigenes hält. Da dies fehlschlägt, bleibt nur der Tod Urijas, um die königliche Ehre zu retten.

---

33 Wie in dem Exkurs zu den Termini für den Geschlechtsverkehr im Hebräischen dargelegt (siehe oben S. 43f), können wir genau unterscheiden, ob es sich um ein Miteinander-Schlafen aus gegenseitiger Übereinstimmung oder um eine Vergewaltigung handelt, wenn wir bei dem Verb *škb* beachten, ob es um den Gebrauch mit folgendem *'im* (»mit«) geht oder mit dem Akkusativ, der durch *'aet* bezeichnet wird. In 2Sam 11,4 heißt es eindeutig *'im*. In seinem Roman »Bathsheba« hat Torgny Lindgren das nicht beachtet, sondern die erste Begegnung zwischen Batšeba und dem König als eine Vergewaltigung dargestellt (siehe oben S. 44). Das läßt sich jedoch nicht aufrechterhalten. Auch scheint mir Batšeba nicht so eindeutig nur Objekt männlichen Handelns gewesen zu sein, wie dies *A. Berlin*, Characterisation, 72f darstellt. Gerade wenn wir ihre Rolle in 1Kön 1 und 2 bedenken – meines Erachtens kommt jeweils derselbe Erzähler zu Wort –, wirkt sie auch in 2Sam 11 viel zielstrebiger auf Vergnügen und Macht ausgerichtet, als Berlin wahrhaben will.

Was das Kind betrifft, das Batšeba im Palast zur Welt bringt, so hat August Klostermann, gefolgt von Karl Budde, die interessante These aufgestellt, daß es Jedinja (»Jahwe richtet«) bzw. Jedidja (»Geliebter Jahwes«) genannt wurde[34]. Denn dieser Name taucht an einer Stelle auf, wo er überhaupt nicht hinpaßt: Nachdem David seinem Sohn den Namen Salomo gegeben hat, erhält dieser auf Befehl Jahwes, der durch den Propheten Natan übermittelt wird, nun auch noch seinen zweiten Namen[35].

Wieso hat Salomo aber später niemals diesen Namen getragen, sondern heißt in der biblischen Überlieferung immer nur Salomo? Deshalb besteht die Möglichkeit, daß Batšeba ihrem ersten Kind diesen Namen gab – sie, nicht David.

Die Namensgebung durch die Mutter finden wir im Alten Testament übrigens häufiger in den Erzählungen aus der alten Zeit als aus der jüngeren, was von Julius Morgenstern und anderen auf die matriarchale Familienstruktur zurückgeführt wird[36]. Jedoch wird auch, z.B. von Werner Plautz, die Meinung vertreten, daß in der Polygamie, genauer: in der Polygynie die Namensgebung durch die Mutter üblich sei; folglich dürfe man die Namensgebung durch die Mutter nicht zu den Spuren des Matriarchats rechnen[37].

b) Die Königinmutter (1Kön 1–2)

Adele Berlin hat in ihrer Studie über Davids Frauen[38] den großen Unterschied hervorgehoben zwischen Batšebas passiver Rolle in 2Sam 11–12 und ihrer Aktivität in 1Kön 1–2. Erst hier wird uns Batšeba als Persönlichkeit vorgestellt. Wir erfahren, wie sie zunächst ihrem Sohn Salomo zum Königsthron verhilft und dann zum Tod Adonijas beiträgt – ob mit böser Absicht oder in guter Meinung, bleibt die Frage.

Mit größter Ausführlichkeit hat der Erzähler geschildert, wie Natan und Batšeba den alten, bettlägerigen König David dazu bringen, die rasche Königskrönung Salomos anzuord-

---

34 *A. Klostermann*, Samuelis/Könige, 183 (mit Konjektur Jedinja [»Jahwe richtet«]); *K. Budde*, Samuel, 257 (ohne Konjektur).
35 2Sam 12,25.
36 *J. Morgenstern*, Beena Marriage, 36ff.
37 *W. Plautz*, Frage, 13ff.
38 *A. Berlin*, Characterisation, 73.76.

nen. Die Initiative geht von Natan aus, der Batšeba vorschickt und sich selbst zunächst in der Reserve hält. Erst als kein Zornesausbruch des Königs erfolgt – immerhin wird sein ältester Sohn, der Kronprinz, um sein Königsrecht betrogen – kommt Natan Batšeba zu Hilfe. Beide, die Mutter und der Erzieher des Prinzen, wissen ihre Worte so klug zu setzen, so raffiniert auf einen angeblichen Eidschwur Davids zugunsten Salomos anzuspielen (»hast du nicht ...?«), daß der König in Adonijas Verhalten nur eine Unbotmäßigkeit, in dem Königtum Salomos hingegen nur einen berechtigten Anspruch sehen kann. Die Palastintrige war ein voller Erfolg. Fragen wir nach Batšebas Motiven, so scheint die Antwort einfach: Mutterliebe, die den eigenen Sohn auf dem Königsthron sehen möchte. Doch ist die Sache komplizierter, wenn wir bedenken, welche Stellung die Königinmutter im Alten Orient besaß.

Exkurs: Die Königinmutter im Alten Orient
Die Erforschung der alten Kulturen Kleinasiens hat ergeben, daß bei den Hethitern, von denen uns vergleichsweise viele schriftliche Nachrichten überkommen sind, und wohl schon bei den vor ihnen in Kleinasien lebenden Lykiern das Amt der Königinmutter in hohen Ehren stand und institutionell fest verankert war. Nach Meinung einiger Forscher ist dies auf die mutterrechtliche Kultur der Lykier zurückzuführen[39].
Bei den Hethitern trug die Königinmutter den Titel »Tawananna«, verfügte über einen eigenen Hofstaat einschließlich Kanzlei, vertrat den König während dessen Abwesenheit, wenn er etwa auf Feldzügen oder auf Reisen war, und regierte allein in der Übergangszeit zwischen einem Herrscher und dessen Nachfolger. Das ist eindeutig ein Relikt aus der Zeit, als bei den Hethitern wie bei den Lykiern die Thronfolge in der weiblichen Linie galt. Erst Telipinu hat 1525 v.Chr. klar die männliche Thronfolge durchgesetzt[40].
Der Titel Tawananna ist wohl so entstanden, daß er ursprünglich der Thronname einer babylonischen Prinzessin war, die der Tabarna (= König) Schuppiluliumma heiratete.

---

39 *I. Seibert*, Frau, 51; *H. Otten*, Hethiterreich, 368; *G. Molin*, Stellung, 167f.173.
40 *I. Seibert*, Frau, 51ff.

Tawananna wurde vermutlich zunächst der Titel der Königin und ging dann auf die Königinmutter über.
Überlebte also eine Königin bei den Hethitern ihren Gemahl, so gewann sie an Macht und Ansehen und führte die Regierung, bis die Thronfolge geklärt war. Bei Unmündigkeit des erbberechtigten Sohnes konnte sich das sogar über viele Jahre hinziehen. Die Frau des neuen Königs erhielt Titel und Amt der Tawananna erst nach dem Tod der Königinmutter, denn von drei Hofhaltungen ist niemals die Rede[41]. Aus den hethitischen Quellen ergibt sich, daß die Tawananna das Recht hatte, Verhandlungen mit ausländischen Herrschern zu führen und Verträge zu schließen. Auch war sie die oberste Priesterin der Sonnengöttin und für deren Kult verantwortlich.
Eine solche Doppelregierung hatte große Vorteile, solange sich der König und die Königinmutter einig waren. Viele hethitische Verträge und Urkunden wurden von beiden gesiegelt, müssen also gegenseitig abgesprochen worden sein. Doch konnte es auch Unstimmigkeiten geben. So beklagt der Hethiterkönig Muršili, daß die Königinmutter Chinti Palastbesitz verschleudert und das Haus Schuppiluliummas zugrunde gerichtet habe. Sie trage auch die Schuld an des Königs krankhaften Sprachstörungen und habe durch ihre Machenschaften den Tod der Königin verursacht[42]. »Krankhafte Sprachstörungen«! Wie stark muß die Mutter ihren Stiefsohn eingeschüchtert haben, wenn er vor ihr nur noch stottern konnte! Hinzu kommt der raffinierte psychologische Druck, den sie auf seine Frau ausübte und der dieser das Leben so vergällte, daß sie starb! Herrschende Frauen sind und handeln nicht immer liebenswürdig und gewaltfrei. Der König läßt seine Mutter schließlich vor Gericht stellen und absetzen – ein Akt der Emanzipation. Außer dieser Tawananna Chinti ist auch Danuchepa zwischen 1297 und 1290 v.Chr. abgesetzt worden[43].
Herbert Donner nimmt an, daß die Institution der Königinmutter vom Hethiterreich in Kleinasien nach Ugarit, also an die syrische Küste gekommen ist und von dort nach Assur, wo sie um 800 v.Chr. bei Adadnirari III. bezeugt ist,

---

41 *H. Otten*, Hethiterreich, 368; *I. Seibert*, Frau, 52.
42 *I. Seibert*, Frau, 53; *H. Otten*, Hethiterreich, 369.
43 *I. Seibert*, Frau, 53.

während die älteren mesopotamischen Reiche sie noch nicht kennen. Zudem bringen wohl die Lykier und Hethiter sie direkt nach Kanaan. Salomo hat diese Institution übernommen und in seinem Reich eingeführt. Deshalb liegt die Vermutung nahe, daß dies auf Batšeba zurückzuführen ist, welche die Würde der Königinmutter sowohl in Jerusalem einführen als auch selbst innehaben wollte. Das mag das eigentliche Leitmotiv sein, weshalb sie es anstrebte, ihren Sohn um alles in der Welt zum Thronerben zu machen.

Kehren wir zu Batšeba und zu der Königinmutter im Alten Testament zurück. Wie es dann zuging, als Salomo König und Batšeba »Gebira« – so heißt der Ausdruck für die Königinmutter im Hebräischen, wörtlich »Herrin« ($g^eb\hat{\imath}r\bar{a}$) – geworden war, wird uns anschaulich in 1Kön 2 geschildert. Adonija, der eigentliche Thronerbe, hat Batšeba gebeten, bei Salomo ein gutes Wort für ihn einzulegen, weil er Abišag von Šunem zur Frau haben möchte. Diese hatte König David in seiner Altersschwäche gepflegt[44]. Nun heißt es:

»Und es kam Batšeba zu König Salomo, um mit ihm wegen Adonijahu zu reden; und der König erhob sich vor ihr und verneigte sich vor ihr (›fiel vor ihr nieder‹ [Würthwein]) (›und küßte sie‹ [Septuaginta]) und setzte sich auf seinen Thron; und es wurde ein Thronsessel für die Mutter des Königs aufgestellt und sie nahm zu seiner Rechten Platz. Und sie sprach ...«[45]

Wir erkennen hier ein ausgearbeitetes höfisches Zeremoniell, bei dem zwei Instanzen sozusagen von Königsthron zu Königsthron miteinander verhandeln. Nur daß König Salomo seiner Mutter die Bitte, die sie zugunsten Adonijas vorträgt, abschlägt. Die Frage bleibt offen, ob Batšeba völlig arglos die Heirat zwischen zwei Menschen, die sich liebgewonnen hatten, ermöglichen will oder ob sie die Bitte deshalb vorträgt, um ihrem Sohn Salomo die Gelegenheit zu geben, sich des älteren Bruders zu entledigen. Denn immerhin sieht Salomo hinter Adonijas Bitte den Plan, durch die Ehe mit einer Frau aus Davids Harem den Anspruch auf den Königsthron, der ihm eigentlich sowieso zusteht, zu unterstreichen. Insofern hätte Salomo seine Mutter nur scheinbar

44 1Kön 1,1–4; 2,13–18.
45 1Kön 2,19–24.

abgewiesen, vielmehr ihren geheimen Intentionen entsprochen. Mir scheint, daß der Erzähler uns wissen lassen möchte, Adonija und Batšeba hätten in guter Meinung gehandelt; es sei nur Salomos krankhaftes Mißtrauen gewesen, das hinter der Bitte um ein bißchen persönliches Glück gleich Hochverrat witterte. Sonst hätte der Erzähler irgendwelche Andeutungen gemacht, wie er Adonijas und Batšebas Verhalten verstanden wissen möchte.

Nun ist Batšeba nicht die einzige Gebira in Juda/Israel gewesen – wir werden später noch andere kennenlernen. Doch nirgends tritt uns die Stellung der Königinmutter so plastisch entgegen wie in der geschilderten Szene.

Allerdings kommt der Titel Gebira bei Batšeba nicht vor; sie heißt nur »Mutter des Königs«. Gehen wir dem Titel selbst noch ein wenig nach, finden wir ihn an folgenden Stellen im Alten Testament erwähnt:

In 1Kön 11,19 ist von Hadad, dem Königssohn der Edomiter, die Rede. Hadad flieht vor Davids Leuten nach Ägypten und erhält dort vom Pharao die Schwester der Königinmutter oder der Königin – letzteres halte ich für wahrscheinlicher – zur Frau.

In 2Kön 10,13 werden »die Söhne des Königs und die Söhne der Gebira« erwähnt. Die Gebira ist eindeutig Isebel, die Mutter des ermordeten Königs Joram. Ihre Söhne müssen dessen Brüder und die Königssöhne dessen Söhne sein.

Beim Propheten Jeremia finden wir den Ausspruch: »Sag zum König und zur Gebira: ›Setzt euch tief hinunter! Denn eure prächtige Krone sinkt von eurem Haupt.‹«[46]

Auch bei der Aufzählung der 597 v.Chr. nach Babylon Verschleppten werden genannt: »der König Jojachin, die Gebira ...«[47]

Ebenso wird Ma'aka, die Frau des Königs Rehabeam, mit dem Titel Gebira benannt. Wir werden noch ausführlich auf sie eingehen[48].

Soviel zum Gebrauch des Titels im Alten Testament. Wir werden aber bei den Königinnen Isebel und Atalja das gleiche entdecken wie bei Batšeba: Der Titel begegnet dort, wo wir ihn der Sache nach erwarten könnten, gerade nicht[49].

---

46 Jer 13,18.
47 Jer 29,2.
48 Siehe unten S. 135f.
49 *Z. ben Barak*, Status, 23–34 versucht zu beweisen, daß es weder im Alten Orient noch in Israel die Institution der Gebira gegeben habe. Ich kann ihre Argumentation nicht als beweiskräftig ansehen, doch ist hier nicht der Raum, um ihre Argumente zu widerlegen.

Frauen auf und neben dem Königsthron (1. Teil)

c) Tamar – die Prinzessin (2Sam 13)

Als letzte Frau aus dem Umkreis König Davids lernen wir Tamar kennen, seine Tochter aus der Ehe mit Ma'aka, der Tochter Talmais, des Königs von Gešur[50]. Sie ist die Schwester Absaloms und die Halbschwester Amnons.
Wenn ich im Religionsunterricht die Geschichte von der »Liebe« des Kronprinzen Amnon zu seiner schönen Halbschwester Tamar vorzulesen begann, dann spitzte die Klasse die Ohren: eine Liebesgeschichte – prima! Wenn es auf die Vergewaltigung zuging, ›knisterte die Luft‹ im Klassenzimmer vor Spannung. Hinterher hieß es: »Und so was steht in der Bibel!« Kinder aus frommen Elternhäusern, für die jedes Wort in der Bibel Gottes Wort ist, sagten es mit Entsetzen, andere mit hämischem Unterton: »Wir wußten ja längst, daß die Bibel gar nicht so heilig ist.« Wiederum andere waren beglückt: »Wie schön, daß auch so etwas in der Bibel steht; direkt spannend – und so menschlich.«
Biblische Lesebücher und die Religionsbücher für die Schüler pflegen diese Erzählung auszulassen oder auf ein Minimum zu reduzieren. Das halte ich für einen Fehler, denn über sexuelle Verhaltensweisen wissen die meisten Kinder heute sehr früh Bescheid oder sind sogar selbst Leidtragende. Im Gegenteil, ich meine, daß diese Geschichte den Schülern helfen kann, weil sie zwar inhaltlich schrecklich, als Erzählung jedoch schön und voller Weisheit ist.[51]
Tamar unternimmt – wenn auch vergeblich – den Versuch, Amnon durch kluge Worte von der Vergewaltigung abzubringen: Es wäre eine Schande für sie beide, denn »so etwas tut man nicht in Israel«. Sie bittet ihn, die Folgen sei-

---

50 2Sam 3,4.
51 Die Erzählung ist auch deshalb schön, weil sie einen »fließenden« Aufbau hat, d.h. aus lauter kurzen Einzelszenen besteht, in denen sich jeweils zwei Personen gegenüberstehen. Eine von beiden ist dann an der nächsten Szene beteiligt. Dadurch steigert sich die Spannung dieser eigentlich handlungsarmen Erzählung.
Zu 2Sam 13,9 hat A. *Klostermann*, Samuelis/Könige, 186 eine geringfügige Textänderung im Hebräischen vorgeschlagen, die den Handlungsablauf durchsichtiger macht: Statt »und sie nahm die Pfanne und schüttete vor ihm aus« heißt es dann: »und sie rief den Diener, daß er vor ihm ausschütte« (*wattiqqaḥ 'aet hammaśrēt wattiṣoq lepānāw* wird zu *wattiqrā 'aet hammašārēt wajjiṣoq lepānāw*).

nes Tuns zu bedenken, ja sie bietet ihm eine Alternativlösung an: Amnon könnte beim König um ihre Hand anhalten[52]. Amnon jedoch gehorcht seiner Leidenschaft und wird enttäuscht. Die Vergewaltigung bringt ihm nichts, ja seine ›Liebe‹ schlägt in Abscheu um, und er wirft Tamar mit Hilfe seines Dieners hinaus. Spätestens jetzt, als Tamar schreiend und mit zerrissenem Gewand weggeht, ist unsere Sympathie voll auf ihrer Seite.

Der Erzähler hat uns zunächst mit dem liebeskranken Amnon empfinden lassen. Wir sind gespannt, ob er eine Lösung für sein Begehren finden wird. Doch dann führt uns der Erzähler so, daß unser Mitempfinden zu Tamar übergeht und wir uns am Ende mit dem Opfer der Gewalt identifizieren. Zugleich hat er uns deutlich gemacht, daß auch für Amnon der Gewaltakt keine Lösung gebracht hat. Das sind für die Gewaltdiskussion bzw. für die Erziehung unserer Schülerinnen und Schüler in der Gewaltfrage zwei ganz wichtige Elemente: daß die Gewalt, die ein Mann einer Frau antut, ihm nichts bringt und daß es wichtig ist, die Sache immer auch aus der Sicht des Opfers zu betrachten. Emotional führt dies am weitesten. Auch die Frage, warum bei Amnon das Begehren in Abscheu umschlägt, läßt sich mit Kindern schon sinnvoll diskutieren.

Absalom, Tamars Bruder, versucht sie zu beruhigen: »Sei doch still! Er ist dein Bruder.« Im Klartext: Es bleibt doch alles in der Familie. Nimm dir die Sache nicht so zu Herzen[53]. Typisch Mann, kann man da nur sagen. Es wäre vielleicht klüger gewesen, wenn Tamar weggegangen wäre und versucht hätte, die ganze Angelegenheit zu vertuschen. Doch das paßt nicht zu Tamars stolzem Charakter. Was mag aus ihr geworden sein? In Stefan Heyms »König-David-Bericht« läßt dieser sie verrückt werden[54]. Das scheint mir nicht zu einer starken Persönlichkeit wie Tamar zu passen. Vielleicht ist sie doch noch zu einer Erfüllung ihres Lebens gekommen. Wer weiß? Jedenfalls steht sie vor uns als eine schöne und kluge Frau, die auch für ihre Kochkunst am Hof berühmt ist und die ein besseres Schicksal verdient hat als in dieser Geschichte.

---

52 2Sam 13,12–13.
53 2Sam 13,20.
54 S. *Heym*, Der König David Bericht, 1972, 201–205.

VII

Frauen auf und neben dem Königsthron (2. Teil)

1. Die Familie Davids

Wir haben Frauen aus dem engeren und weiteren Umkreis Davids kennengelernt. Sie sind uns als beherzt, stolz und zielbewußt in Erinnerung, oft von einem tragischen Schicksal gezeichnet. Sie passen sehr wohl zu den selbstbewußten Frauen der Väter- und Richterzeit, die wir vorher betrachtet haben. Warum begegnen wir – von wenigen Ausnahmen abgesehen – dieser Art Frauen nicht mehr in der späteren Literatur Israels? Ausnahmen sind die Königinnen Isebel und Atalja[1]. Hängt das damit zusammen, daß aus der späteren Zeit weniger Erzählungen überliefert wurden? Oder ist es so zu erklären, daß dieser Frauentyp verschwunden ist und der angepaßten, dienstbereiten Frau weichen mußte? Wenn letzteres der Fall sein sollte: Hängt dies mit der Veränderung der Familienstruktur zusammen? Hat die matrilineare Familie bzw. die Beena- oder Zadiqa-Ehe der Frau eine andere Statur, eine andere Persönlichkeitsentwicklung ermöglicht als die Baʻal-Ehe, die sie zur Anpassung zwang? Dann stellten diese selbstbewußten, mutigen Frauen, die wir noch im 10. Jh. v.Chr. vorfinden, sozusagen den letzten Ausläufer jener verdrängten Familienstruktur dar.

Die Frage ist: Gab es bis in die beginnende Königszeit hinein noch matrifokale Familien in Israel? Meine Antwort lautet: Ja! Und zwar ausgerechnet in der Familie Davids[2].

a) Davids Eltern

Bekanntlich hieß Davids Vater Išai und lebte in Bethlehem in Juda. Doch wenn wir das Vorkommen des Namens Išai

---

1   Siehe unten S. 136ff.146ff.
2   Vgl. zum Folgenden auch *H.F. Richter*, Geschlechtlichkeit, 90 mit Anm. 7.

untersuchen, ergibt sich Erstaunliches. Der Erzähler der sogenannten »Thronfolgegeschichte«[3] gibt König David niemals die Bezeichnung »Sohn Išais«. Daß er sie sehr wohl kennt, ergibt sich daraus, daß er sie im Zitat gebraucht, nämlich in der sogenannten Absageformel: »Wir haben keinen Teil an David, keinen Anteil an dem Sohn Išais! Jedermann zu seinen Zelten, Israel!«[4]
Dieser Ausspruch findet sich im Mund Šebas, der damit die Nordstämme zum Abfall von David aufruft. Diese Absageformel begegnet zudem in der Auseinandersetzung zwischen Davids Enkel Rehabeam und den Vertretern der Nordstämme, die ihm schließlich die Anerkennung als König versagen[5]. Beide Male ist der Spruch somit im Mund der Feinde Davids bzw. seiner Dynastie belegt.
In den sogenannten David-Aufstiegsgeschichten hingegen kommt die Bezeichnung Davids als Sohn Išais häufig vor[6]. Doch beim näheren Hinsehen ergibt sich, daß sich auch hier die meisten Stellen im Mund der Gegner Davids finden: im Mund Sauls, des Edomiters Doeg oder des Karmeliters Nabal[7]. Was hat dies zu bedeuten, daß Davids Feinde ihn so betont und verächtlich »Sohn Išais« nennen?
Das Gesagte gilt für die älteren Traditionen in den Aufstiegsgeschichten. Hingegen wird Išai in der Rahmungserzählung, die berichtet, wie David an den Hof Sauls kommt, positiv erwähnt[8] und erst recht in den späten Geschichten von Davids Salbung und seinem Sieg über Goliath[9].
Daraus ergibt sich die Frage: Sollte die Bezeichnung Davids als »Sohn Išais« etwas Schimpfliches an sich gehabt ha-

---

3 Die Bezeichnung »Thronfolgegeschichte« hat *L. Rost*, Überlieferung, 119–253 eingeführt. Ich halte sie für irreführend und gebrauche die Bezeichnung »David-Joab-Geschichte(n)«; vgl. dazu *H. Schulte*, Entstehung, 138–144. Sie beginnt mit 2Sam 2,8 und umfaßt mit einigen Ausnahmen das ganze 2. Samuelbuch sowie 1Kön 1–2.
4 2Sam 20,1.
5 1Kön 12,16.
6 Die David-Aufstiegsgeschichte umfaßt mit einigen späteren Einfügungen den Bestand von 1Sam 16–31 und Abschnitte aus den ersten 5 Kapiteln des 2. Samuelbuches.
7 1Sam 20,27.30.31; 22,7.8.9.13; 25,10; ferner kommt der Ausdruck in ganz späten Texten wie 2Sam 23,1; Ps 72,20 vor.
8 1Sam 16,18–20.
9 1Sam 16,1–13; 17,12–20.

ben, das den Zeitgenossen des Königs durchaus bekannt war, den späteren Gestaltern der Davidtraditionen jedoch nicht mehr, so daß erst sie die Bezeichnung unbefangen verwenden konnten? Wenn ja, worin bestand das Schimpfliche? Die Sache wird noch merkwürdiger, wenn wir bedenken, daß wir den Namen der Mutter Davids überhaupt nicht kennen. Sonst werden bei den Königen Israels meist die Mütter genannt. Wurde der Name der Mutter mit Absicht verschwiegen? Und wenn ja, warum? Hing auch an diesem Namen für jene Zeit etwas Schimpfliches?
Als die Großerzählung von David und Joab mit den Geschichten von Davids Aufstieg verbunden wurde, verlor sie ihre alte Einleitung[10]. Denn es wäre störend gewesen, die Personen, die der Leser aus den Aufstiegsgeschichten bereits kennt, nochmals vorzustellen[11]. Wäre uns diese alte Exposition der David-Joab-Geschichte erhalten geblieben, wüßten wir vielleicht erheblich mehr über Davids Familie. Vielleicht wäre uns auch der Name seiner Mutter bekannt und wir hätten Kenntnis davon, was für eine Frau sie war. Sollte sie dort als *zônā* bezeichnet worden sein, d.h. als unabhängig lebende Frau, was man in späterer Zeit als »Hure« deutete?[12] War das Wort schon in Davids Zeit zweideutig? Hatte eine solche Mutter etwas an sich, was für den berühmten Sohn Schande nach sich ziehen konnte, so daß man sie lieber in Vergessenheit geraten ließ? Dann hätte der Wegfall der Einleitung zu den David-Joab-Geschichten zwei Gründe gehabt: daß man bekannte Personen nicht nochmals vorstellen wollte und daß eine Frau dem Vergessen überantwortet wurde.
Was nun Davids Mutter betrifft, so steht eines fest: Sie hat zwei Männer gehabt, Naḥaš und Išai. Dazu lesen wir im 1. Chronikbuch:

»Und Boʻaz zeugte den Obed, und Obed zeugte den Išai. Und Išai zeugte seinen Erstgeborenen, den Eliab, und Abinadab, den Zweiten, und Šimʻi, den Dritten, Netanʼel, den Vierten, Raddai, den Fünften, Osem,

---

10 Siehe oben S. 128, Anm. 3.
11 Die Söhne der Ṣeruja werden in der David-Aufstiegsgeschichte nicht genannt; gleichwohl ist ihre Vorstellung mit der Vorstellung Davids entfallen. Diese verlorengegangene Vorstellung muß vor 2Sam 2,8 gestanden haben.
12 Siehe oben S. 74ff.

den Sechsten, David, den Siebten. Und ihre Schwestern waren Șeruja und Abigail; und die Söhne der Șeruja waren Abšai und Joab und Aśah-'el, diese drei. Und Abigail gebar den Amasa; der Vater Amasas aber war Jeter, der Jismaeli.«[13]

Von Kleinigkeiten hinsichtlich der Namensschreibung abgesehen, stimmen diese Angaben der Chronik mit dem überein, was wir auch sonst im Alten Testament über die betreffenden Personen erfahren. Es scheint sich also um eine zuverlässige Überlieferung zu handeln. In diesem Text fällt auf: Er spricht von sieben gezeugten Söhnen, deren Mutter jeweils ungenannt bleibt. Hinzu kommen zwei Schwestern, die einfach da sind, ohne daß deren Mutter und Vater namentlich erwähnt werden. Sie selbst werden Mütter, wobei Șeruja drei berühmte Söhne hat, deren Vater ungenannt bleibt. Abigail hingegen hat einen berühmten Sohn, dessen Vater ausdrücklich genannt wird: Jeter, der Ismaeli. Diese Nachricht wird an anderer Stelle bestätigt. Dort heißt es:

»Und Amasa hatte Abšalom anstelle Joabs über das Heer gesetzt; und Amasa war der Sohn eines Mannes, der Jitra hieß, der Jisraeli; der war zu Abigail eingegangen, der Tochter des Naḥaš, der Schwester der Șeruja, der Mutter Joabs.«[14]

Die Mutter Davids, deren Name nicht erwähnt wird, hatte also zwei Männer, Naḥaš und Išai. Wenn wir die Altersrelationen bedenken, wie sie sich aus den Erzählungen ergeben, dann ist David wohl eine ganze Generation jünger als seine Halbschwestern Șeruja und Abigail, denn er gehört mit Joab, Abišai, Asahel und Amasa in eine Generation. Daraus folgt, daß Naḥaš der erste Mann der namenlosen Frau war, Išai der zweite. Natürlich gibt es dafür die harmlose Erklärung, daß sie nach der Ehe mit Naḥaš als Witwe Išais Frau geworden ist. Man kann jedoch mit gleichem Recht die Annahme vertreten, sie habe gemäß der matrilinearen Familienstruktur gelebt und Naḥaš entweder wegge-

---

13 1Chr 2,12–17.
14 2Sam 17,25; vgl. dazu *H.P. Smith*, Samuel, 355: »The language which is used further: who came to Abigail daughter of Nahash sister of Zeruiah is explicabel only by the theory that we have to do with a ṣadiqa marriage, that is, one in which the wife remains with her clan and the children become members of the clan«; *K. Budde*, Samuel, 280f. Anders *H.J. Stoebe*, 1. Samuelis, 463.

schickt oder gleichzeitig mit ihm und Išai zusammengelebt. Das ist zunächst eine reine Vermutung, wenn wir nicht weitere unterstützende Argumente finden. Doch läßt sich schon hier soviel sagen, daß die Selbständigkeit in den geschlechtlichen Beziehungen, die eine Frau nach dieser Erklärung hatte, in einer Zeit, als die Ba'al-Ehe sich durchgesetzt hatte und herrschender Moralkodex geworden war, sie leicht in schlechten Ruf bringen konnte. Auch könnte sie noch mehr Männer gehabt haben, von denen wir gar nichts wissen. War Davids Mutter aber eine *zônā* im guten Sinne des Wortes, eine frei lebende Frau, so konnte sie im Prozeß des Umkippens dieser Bedeutung hin zur »Hure« leicht in Schande geraten sein. Das würde ihre Namenlosigkeit erklären und vielleicht auch den schlechten Ruf ihres Mannes Išai. Wird David deshalb nahezu nur im Mund seiner Feinde »Sohn Išais« genannt?

b) Davids Schwestern

Die zunächst nur schwach fundierte Hypothese, Davids Mutter sei eine *zônā*, vielleicht sogar eine *q^{e}dēšā* gewesen, findet nun ihre Unterstützung, wenn wir uns mit ihren beiden Töchtern, Davids Halbschwestern Ṣeruja und Abigail befassen. Bei ihnen ist es völlig klar, daß sie als selbständige Frauen nach Art der Zadiqa- oder Beena-Ehe lebten. Bei Ṣeruja ergibt sich dies daraus, daß sich ihre drei Söhne nur und ausschließlich nach ihrer Mutter nennen, als hätten sie keinen Vater, keine Väter gehabt. Ferner ergibt sich bei genauem Hinsehen aus den Texten, daß mindestens zwei von ihnen verschiedene Väter hatten: Joab und Asahel. Nachdem Asahel in der Schlacht bei Gibeon von Abner getötet worden war, wird er im Grab seines Vaters in Bethlehem beigesetzt[15]. Als Joab auf Befehl Salomos ermordet worden war, wird er nicht, wie man erwarten könnte, nach Bethlehem gebracht, sondern »in seinem Haus in der Wüste« bestattet[16]. Seines Vaters Grab ist also entweder unbekannt oder unerreichbar, weil der Vater vielleicht von weither gekommen oder relativ unbekannt geblieben war. Da Abišai während der Zeit, in der die Erzählungen von David

---

15 2Sam 2,32.
16 1Kön 2,34.

spielen, nicht stirbt, können wir über sein Grab und seinen Vater nichts aussagen. Er kann mit dem Vater Joabs oder Asahels identisch oder ein nochmals anderer sein. Zum Abschluß sei nur die Bemerkung gestattet, daß die drei Helden im Unterschied zu David sehr stolz auf ihre Mutter gewesen sein müssen, weil sie sich bewußt nach ihr benennen.
Auch für Abigail, Șerujas Schwester, gibt es ein Indiz, daß sie in einer Zadiqa-Ehe lebte: In dem oben angeführten Zitat aus 2Sam 17,25 heißt es, daß Amasa der Sohn eines Mannes war, der Jitra hieß[17], »der war zu Abigail eingegangen ...« (*bw' 'ael*). In dem Exkurs über die Begriffe für den Geschlechtsverkehr im Alten Testament hatte sich ergeben, daß *bw' 'ael* (»zu der Frau eingehen«) zu der matrilinearen Familienstruktur gehört, wo der Mann zu der Frau hingeht, und daß der Ausdruck zwischen dem Hineingehen ins Zelt und dem Eindringen in den Körper schillert[18].
Wenn wir alle diese Indizien zusammentragen, können wir sagen: Die namenlose Mutter Davids kommt aus einer Familie mit matrilinearer Struktur. Sie lebt als freie Frau mit mindestens zwei Männern hinter- oder nebeneinander. Ihre beiden Töchter setzen diese Tradition fort. Doch ist diese Art der Ehe, die Zadiqa- oder Beena-Ehe, in der Zeit des beginnenden Königtums bereits außer Kurs gekommen. Die Ba'al-Ehe hat auf der ganzen Linie gesiegt. So kommt die frei lebende Frau in den Geruch des Ungehörigen, des Unmoralischen. Es gehörte damals wohl schon ein hohes Maß an Selbstbewußtsein und innerer Unabhängigkeit dazu, wenn eine Frau die alte Tradition fortsetzte. Gegner konnten einem Mann die Verwandtschaft mit solch einer Frauenfamilie leicht als Schande auslegen.
Ich wiederhole: Es gab im alten Israel, wie wir gesehen haben, eine große Zahl von selbständig handelnden, selbstbewußten, klugen und unerschrockenen Frauen, die sich wohl zu helfen wußten, ja auch zu Taten schritten, die uns bedenklich vorkommen, wie z.B. Jaels Mord an Sisera – gegen jede Regel der Gastfreundschaft. Aus der späteren Zeit kennen wir solche Geschichten nicht, es sei denn am Königshof,

---

17 Jitra, der Jisraeli; doch scheint das 1. Chronikbuch den Namen korrekter bewahrt zu haben, wenn es ihn in 1Chr 2,17 »Jeter, der Jismaeli« (d.h. der Araber) nennt.
18 Siehe oben S. 44f; 130 mit Anm. 14.

wenn wir an Isebel und Atalja denken. Doch war die Stellung einer Gebira eben eine ganz andere als die Lage einer $b^{e\prime}ulat\ ba\prime al$, einer vom Mann beherrschten Frau, die er als sein Eigentum ansah, die er zwang, ausschließlich auf ihn orientiert zu sein, und die er verstoßen konnte, wann immer es ihm beliebte. Ist es ein Zufall, daß jener Typ der selbständigen Frau in den Erzählungen aufhört, nachdem sich das Patriarchat durchgesetzt hatte? Hat sich mit der Unterwerfung unter den Mann der Charakter der Frauen geändert? Haben sie mit ihrer sozialen Selbständigkeit auch die innere Unabhängigkeit verloren? Ich nehme an, daß es in der Tat so war. Natürlich gibt es immer Ausnahmen von der Regel, wofür man vielleicht die Frau aus Šunem in 2Kön 4 anführen kann. Wichtiger scheint mir jedoch die Feststellung zu sein, daß die Männer, sofern meine Hypothese stimmt, mit der Ba'al-Ehe, in der sie von der Frau ein ungeheures Maß an Anpassung – nicht nur an den Mann, sondern auch an dessen Familie – verlangten, sich selbst am meisten geschadet haben. Denn die selbständige Frau ist für den Mann zwar in vieler Hinsicht unbequem, sie ist ihm aber ein echtes Gegenüber, eine echte »Hilfe« und Partnerin, um mit Gen 2,18 zu reden. Ich denke, daß die $zônā$, die frei lebende Frau, heute ihre ›Auferstehung‹ erlebt und daß sich dies unter anderem in der hohen Zahl der Ehescheidungen zeigt. Dieser Prozeß läßt jedoch beide gewinnen, die Frauen wie die Männer.

Soviel zur Struktur der Familie Davids und den Konsequenzen aus der Analyse, wenn ich mit meinen Beobachtungen und Folgerungen recht habe.

VIII

Frauen auf und neben dem Königsthron (3. Teil)

1. Die Königin von Šaba (1Kön 10,1–10.13; 2Chr 9)

Zu den wenigen alleinregierenden Frauen im Alten Testament gehört die Königin von Šaba, die sich aufmacht, um Salomo zu besuchen. Nur sie sowie Ester und Wašti tragen überhaupt den Titel »Königin«. Der Königintitel wird nur für diese drei im Ausland Regierenden, nicht aber für Isebel oder Atalja verwendet.
Der Name der Königin von Šaba wird nicht genannt. Dies zeigt, daß der Erzähler an ihr selbst gar nicht interessiert ist. Er berichtet zum höheren Ruhm Salomos, zur Illustration seiner Weisheit. Unser Interesse richtet sich jedoch, der Intention des Erzählers zum Trotz, auf die Königin von Šaba. Die Forschungen im arabischen Raum haben ergeben, daß in dem reichen südarabischen Šaba wohl nie Königinnen geherrscht haben, wohl aber in dem fast unbekannten nordarabischen Šaba, wie es die Annalen Tiglat Pilesers III. aus dem 8. Jh. v.Chr. bezeugen. Deshalb vermutet Ernst Würthwein, daß die Geschichte – wenn sie überhaupt historisch verankert ist – von einer Königin von Nordšaba handelt; der Erzähler aber, der in späterer Zeit lebte, dachte an das bekanntere südliche Šaba, das reich an Gewürzharzen war und als Handelsknotenpunkt zwischen Asien, Afrika und dem Mittelmeerraum auch über Gold und Edelsteine verfügte[1].
Über die Königin von Šaba erfahren wir nur, daß sie viele Kostbarkeiten und Rätsel mitbrachte[2]. Alles, was wir sonst gern über sie wissen würden, bleibt unserer Phantasie überlassen. Um so mehr hat es die Leser und Ausleger dieser Geschichte beschäftigt. Dabei ist die vorherrschende Frage die, ob sie mit Salomo ins Bett gegangen sei. Noch heute leitet sich die 1974 abgesetzte Dynastie Äthiopiens von die-

---

1 *E. Würthwein*, 1. Könige 1–16, 120f.
2 1Kön 10,1–2.

ser Verbindung Salomos mit der Königin von Šaba her. Ihr Sohn, Menelik I., sei der erste Herrscher Äthiopiens gewesen, das man mit Šaba gleichsetzte[3]. Es wurde offenbar nicht als Schande empfunden, wenn eine Frau ihre Gunst schenkt, wem sie will – wenn es sich um eine Königin handelt. Daß es im Altertum im nördlichen Šaba Königinnen gab, ist eine erstaunliche Tatsache. Daß ein Erzähler in Jerusalem seinen Hörern die Vorstellung zumuten kann, daß diese reich, hochgebildet, klug und scharfsinnig waren, ist das andere, was wir aus der Geschichte lernen.

2. Ma'aka oder: Die abgesetzte Gebira (1Kön 15,10–13; 2Chr 15,16)

Bei den Hethitern gab es, wie wir in dem Exkurs über die Königinmutter im Alten Orient sahen, zwei Fälle, daß eine regierende Tavananna förmlich abgesetzt wurde[4]. Von der Absetzung der Königinmutter Ma'aka durch ihren Sohn oder Enkel Asa wird in 1Kön 15,13 berichtet. Die Verwandtschaftsverhältnisse sind in diesem Teil des Königsbuchs etwas unklar. Von einer Königin Ma'aka, der Tochter Abišaloms, der Mutter des Königs Abija, ist in 1Kön 15,2 die Rede. Andererseits heißt in 1Kön 15,10 die Mutter des Königs Asa ebenfalls Ma'aka. Entweder heißen zwei Königinnen hintereinander Ma'aka, dann hätten wir es mit der zweiten zu tun, oder, was wahrscheinlich ist, die beiden Ma'akas sind identisch, und nur durch ein Mißverständnis ist die ›erste‹ Ma'aka zur Mutter König Asas geworden, während sie in Wirklichkeit seine Großmutter war[5]. Über diesen König Asa wird folgendes berichtet:

»Und es tat Asa, was recht war in den Augen Jahwes, wie sein Vater David. Und er trieb die Q^{e}dēšîm aus dem Lande und entfernte alle Götzen, die seine Väter gemacht hatten. Und auch Ma'aka, seine Mutter, setzte er als Königinmutter ab, weil sie der Ašera ein Greuel gemacht hatte. Und es hieb Asa das Scheusal ab und verbrannte es im Kidrontal.«[6]

3 *E. Würthwein*, 1. Könige 1–16, 122.
4 Siehe oben S. 122.
5 *E. Würthwein*, 1. Könige 1–16, 187.
6 1Kön 15,11–13. E. Würthwein hält diesen Abschnitt für ein typisches Produkt der deuteronomistischen Schule, was auch zutreffen dürf-

Bei den Hethitern ging der Absetzung der Tavananna eine förmliches Verfahren vor dem Adelsrat voraus. Von dergleichen erfahren wir aus dem Alten Testament nichts. Es sieht eher so aus, als habe der König aus eigener Vollmacht die Absetzung seiner Mutter bzw. Großmutter vollzogen.
Die Göttin Ašera ist uns aus den ugaritischen Mythen gut bekannt. Sie galt als Gemahlin des Gottes El, folglich als die oberste Göttin des Pantheon. Sie war eine mütterliche Gottheit, für alles zuständig, was mit der Fruchtbarkeit zusammenhing[7]. So klar sie uns als kanaanäische Göttin begegnet, so falsch wäre es nach den neueren Forschungen, sie als eine Israel fremde Gestalt anzusehen. Es ist zumindest wahrscheinlich, daß sie in Israel neben Jahwe verehrt wurde[8]. Wenn Asa ihren Kult nicht dulden will, geht es nicht um die Ausschaltung kanaanäischen Aberglaubens aus dem Kult in Jerusalem, sondern um die Herausstellung Jahwes als des einen Gottes, der keine anderen Gottheiten neben sich duldet.

3. Isebel oder: Wer war sie wirklich? (1Kön 16 – 2Kön 9)

a) Name und Abstammung

Für mich ist die Königin Isebel eine faszinierende Gestalt, auch wenn sie im Alten Testament und bei den christlichen Auslegern sehr schlecht wegkommt. Doch vor dem Streit über Bewertungen sollten wir zusehen, was wir einigermaßen zuverlässig über sie wissen.
Naḥman Avigad hat 1964 einen Fund aus der Mitte des 9. Jh.s v.Chr. veröffentlicht[9]. Es handelt sich um einen skarabäusförmigen Siegelstein aus grauem Opal mit dem Namenszug »Isebel«. Daß es der Siegelstein der Königin dieses Namens ist, läßt sich nicht beweisen. Doch ist dies möglich, ja

---

te; dennoch kann die Nachricht über Maʿakas Absetzung eine historisch zuverlässige Überlieferung sein, die von den Deuteronomisten hier eingebaut wurde.
7 *E.O. James*, Cult, 76ff; *R. Patai*, Goddess, 33.
8 Vgl. *R. Patai*, Goddess, 26; *S.M. Olyan*, Asherah, 33.74 zum literarischen Befund; *H. Weippert*, Palästina, 625f.672f (Abbildung 3) zum archäologischen Befund. Die Literatur zu diesem Thema ist so zahlreich, daß sie hier nicht aufgezählt werden kann.
9 *N. Avigad*, Seal, 274–276 (Abbildung Tafel 56C).

wahrscheinlich. Dann läge hier einer der nicht so häufigen Fälle vor, in denen die Archäologie eine biblische Erzählung bestätigt.

Der Name »Isebel« hat sicher mit der kanaanäischen Gottesbezeichnung »Sebul« zu tun, die im Deutschen »Fürst« bedeutet. Zu dem Ba'al Sebul von Ekron schickt der kranke König Aḥazja, Isebels Sohn, Boten, um einen Gottesspruch im Blick auf seine Genesung zu erlangen[10]. Bei Isebel bezieht sich »Sebul« sicher auf den »Fürsten Ba'al von Tyrus«. Die Bedeutung des »I« in ihrem Namen ist unklar[11].

Weiter wissen wir von Isebel, daß sie die Tochter des Königs Ittoba'al von Tyrus war, der im Hebräischen Etba'al genannt wird. Ihr Vater regierte von 887–856 v.Chr., also etwa gleichzeitig mit Ahabs Vater Omri (881–870) und Ahab selbst (870–851). Die Heirat zwischen Ahab und Isebel unterstützte die damalige enge Bündnispolitik zwischen den beiden Königshäusern. Aus dieser Ehe gingen zwei oder drei Kinder hervor, die uns mit Namen bekannt sind: der oben schon erwähnte Aḥazja, sein Bruder Joram und wahrscheinlich Atalja, die spätere Königin von Juda[12]. Es ist wichtig zu sehen, daß sie alle jahwehaltige Namen tragen. Offensichtlich war auch Isebel nicht gegen den Jahweglauben eingestellt, noch weniger natürlich ihr Mann.

b) Isebel und Ahab (1Kön 16,31–33)

Im Zusammenhang mit Ahabs Verheiratung mit Isebel erfahren wir, daß der König von Israel in seiner Hauptstadt Samaria dem Ba'al einen Altar im Ba'altempel errichtete und außerdem eine Ašera, d.h. eine Holzsäule als Symbol der Göttin Ašera, aufstellen ließ. Diese knappen Angaben, die zudem das Gepräge der deuteronomistischen Redaktion zeigen, geben uns mehr Fragen auf, als sie beantworten. Bedeutet die Erwähnung der Ba'alheiligtümer gleich im Anschluß an die Heirat, daß Ahab Isebel zuliebe oder auf ihren Wunsch hin oder aufgrund des Heiratsvertrags diese ein-

---

10 2Kön 1,1–8.
11 *N. Avigad*, Seal, 274–276 erklärt das »I« im Namen »Isebel« als »er existiert«.
12 Zu der Frage, ob Atalja Isebels Schwägerin oder Tochter war, siehe unten S. 146.

richtete? Galt dieser Baʿal also als Melkart, der Stadtgott von Tyrus[13], oder als »Baʿal des Himmels« als ein universaler Gott[14]? Jedenfalls ist die absolute Bezeichnung »der Baʿal« auffällig. Denn damals war es üblich, den Baʿal, den »Herrn« einer Stadt oder eines Landes näher zu bestimmen – so etwa in der Erzählung von Aḥazjas Krankheit und Tod, wo der König ein Orakel beim Baʿal von Ekron einholen ließ[15]. Die Abstraktion »der Baʿal« scheint mir das Ergebnis einer längeren theologischen Auseinandersetzung zu sein, in welcher der Gegensatz »hier Jahwe – hier Baʿal« immer deutlicher zutage trat und der »Baʿal« sozusagen von Jahwe seinen universalen Charakter übernahm, so daß seine Bezeichnung wie ein Eigenname verstanden wurde. Bis zur Zeit Isebels wurde Jahwe hingegen noch ganz unbefangen als der Baʿal, d.h. »der Herr« des Landes verehrt[16].

Wenn allerdings der Tempel in Samaria dem Gott Melkart von Tyrus geweiht war, so ist es verständlich, daß sich dagegen in Israel eine Opposition bildete, ein Zusammenschluß der Jahwetreuen. Zu ihnen gehörte Elijahu, aber auch Eliša, Jehu und Jehonadab ben Rekab. Die drei Letztgenannten begegnen uns als die Gegner des Königs Joram und seiner Mutter Isebel[17]. Ihr Bündnis der Jahwetreuen halte ich gegen die Analyse Würthweins immer noch für historisch[18].

Gerade wenn der Tempel in Samaria dem tyrischen Melkart geweiht war, können wir die Eheschließung Ahabs mit der tyrischen Königstochter als Ausdruck einer Politik verstehen, die beide Länder, Tyrus und Israel, eng miteinander verbinden will. Dabei konnte Israel von dem reichen, mächtigen und kulturell hochstehenden Tyrus nur gewinnen. Ob Ahab vielleicht sogar eine Vereinigung beider Reiche anstrebte? Die kanaanäische Bevölkerung in seinem Land – aber auch die israelitische – war jedenfalls sprachlich und

---

13 *E. Würthwein*, 1. Könige 1–16, 203.
14 *O. Eißfeldt*, Baʿal, 4f.15.19ff; ferner *R.A. Oden*, Baʿal, 457–473. Anders *S.M. Olyan*, Asherah, 62ff.
15 2Kön 1,1–8.
16 Das ergibt sich aus dem Vorkommen baʿalhaltiger Namen neben jahwehaltigen; sogar der Wechsel bei ein und derselben Person ist bezeugt: Sauls Sohn heißt in 1Sam 14,49 Išjo, in 2Sam 2–4 aber Išbaʿal (was später in Išbošet [»Mann der Schande«] umgeändert wurde).
17 1Kön 17–19; 2Kön 9–10.
18 *E. Würthwein*, 1. Könige 17 – 2. Könige 25, 328ff und passim.

kulturell mit Tyrus eng verbunden. So lag der Gedanke einer Konföderation oder Vereinigung in der Luft, zumal beide Reiche sich auch militärisch zusammen mit Aram gegen die drohende Assyrergefahr wehren mußten. Gegen diese Politik und ihre religiöse Komponente wenden sich offenbar Kreise, die ich als nationalistisch bezeichnen möchte. Deren Opposition führt dann nach Ahabs und Aḥazjas Tod zu dem Militärputsch Jehus gegen König Joram[19]. Die mit Jehu verbündeten jahwetreuen Rekabiter waren auch Feinde der bäuerlichen Kultur, lehnten Hausbau, Ackerbestellung und Weinbau ab und mögen aus diesem Grunde auch prinzipiell kultfeindlich gewesen sein, indem sie nicht nur den Ba'alkult, sondern jeden Kult der ansässigen Bevölkerung verwarfen[20]. Isebel ist für diese Kreise das verhaßte Symbol einer Politik, die sie aus nationalen, kulturellen und religiösen Gründen ablehnen.

c) Isebel und Elijahu (1Kön 19,1–2)

Wie skeptisch man auch die überlieferten Texte betrachten mag, die durch die Hände der deuteronomistischen Redaktoren gegangen sind, so scheint an der Auseinandersetzung zwischen Isebel und Elijahu doch ein wahrer Kern zu sein. Augenscheinlich ging es dabei ziemlich blutig zu[21].
In 1Kön 19,1–2 hat die Septuaginta, die griechische Übersetzung des Alten Testaments, einen längeren Text, als die Hebräische Bibel ihn bietet. Setzen wir den Septuaginta-Text voraus, dann lautet die Stelle:

»Und es verkündete Ahab seiner Frau Isebel alles, was Elijahu getan hatte und wie er die Propheten mit dem Schwert getötet hatte. Und es

---

19 Die Trennung der religiösen von den politischen Aspekten erscheint mir für die Antike unangebracht zu sein. Das gilt unabhängig davon, ob man mit Würthwein alle religiösen Komponenten der Erzählungen für Bearbeitung hält oder ob man zwischen ihnen Unterschiede hinsichtlich ihrer Zugehörigkeit zum ursprünglichen Text macht.
20 Das geht aus Jer 35,6 hervor und gilt meines Erachtens trotz allen Bestreitungen.
21 In 1Kön 18,4 heißt es, daß Isebel Jahwepropheten vernichtet habe. In 1Kön 18,40 revanchiert sich Elijahu an den Ba'alpropheten; in 2Kön 10,18–27 läßt Jehu Propheten und Priester des Ba'al töten. Auch wenn die Zahlen stark übertrieben und manche Einzelheiten erdichtet sind, bleibt doch der Gesamteindruck einer blutigen Konfrontation.

sandte Isebel zu Elijahu und sprach: ›*Bist du Elijahu, so bin ich Isebel. Der Gott / die Götter (?) möge/mögen mich strafen, wenn ich nicht morgen um diese Stunde dein Leben so zurichte wie du deren Leben!*‹«[22]

Der nur von der Septuaginta überlieferte Bestandteil »Bist du Elijahu, so bin ich Isebel« stellt mit diesen Namen zugleich die beiden Gottheiten einander gegenüber, Jahwe in Elijahus Namen und Sebul in Isebels. Ich möchte meinen, daß er einer authentischen Überlieferung angehört, auch wenn die Verse, in denen wir ihn finden, ein späteres Überleitungsstück zwischen der Karmelgeschichte und Elijahus Flucht in Richtung Gottesberg darstellen sollten. Isebel hat Elijahu nicht einfach umbringen lassen, sondern ihm 24 Stunden Zeit zur Flucht gegeben. Sie handelt also korrekt und vorsichtig, »auf rechtlich nicht angreifbare Weise«[23]. Insofern sehe ich hier eine Spannung zwischen der Tendenz der deuteronomistischen Redaktoren, Isebel alles Böse anzuhängen, und dieser Überlieferung, die sie uns als stolz, entschlossen und staatsmännisch klug vor Augen stellt.

d) Nabots Weinberg (1Kön 21,1–20)

Ob Isebel und der Prophet Elijahu sich je persönlich begegnet sind, wissen wir nicht. In keiner uns überkommenen Überlieferung ist davon die Rede. Und doch sind sie auch in der Geschichte von Nabots Weinberg die eigentlichen Gegenspieler. Im Vordergrund steht allerdings der Streit zwischen König Ahab und dem Grundbesitzer Nabot aus Jesreel, der dem König nicht seinen Weinberg übereignen will, weder gegen Geld noch gegen Landtausch, denn er ist Vätererbe. König Ahab resigniert, doch das paßt seiner Frau nicht. Sie nimmt die Sache in die Hand.

In einem Brief an die Ältesten von Jesreel gibt sie Anweisung, auf welche Weise Nabot ermordet werden soll; diese führen den Befehl der Königin – mit dem Siegel des Königs – auch aus, so daß König Ahab den Weinberg in Besitz nehmen kann[24].

Wie sieht es mit der historischen Zuverlässigkeit dieser Erzählung aus?

---

22 1Kön 19,1–2. Vgl. dazu *O. Eißfeldt*, Elia, 65–71.
23 *F. Horst*, Recht, 49–75.
24 1Kön 21,5–15.

Zunächst: An dem Streit um den Weinberg muß etwas dran sein, denn wir haben in 2Kön 9,26 den Hinweis auf eine andere Überlieferung, nach der Nabot und seine Söhne um eines Ackers willen umgebracht worden sind. Alles andere ist historisch nicht erweisbar, jedoch durchaus möglich. Warum sollte nicht Isebel bei alldem die Hände im Spiel gehabt haben? So, wie die Erzählung heute lautet, ist sie natürlich frei gestaltet. Von dem Gespräch zwischen Ahab und Isebel im Schlafzimmer gibt es kein Tonbandprotokoll. Schon eher mag es sich bei dem Brief an die Ältesten von Jesreel um einen Vorgang handeln, der in der Tat stattfand[25]. Das gilt allerdings nur für den Fall, daß es sich um einen verschleierten Mordbefehl handelte. Denn wenn die Ältesten von Jesreel eine offene Anweisung, Nabot zu töten, befolgt hätten, so müßte man annehmen, daß entweder Ahab ein gefürchteter Tyrann war oder bei den Ältesten ein derartiger Grad von Korruption bestand, daß sie nach Recht oder Unrecht überhaupt nicht mehr fragten. Doch gibt es eine sehr einfache Lösung des Problems. Läßt man nämlich aus dem Brief der Königin an die Ältesten den zweiten Satz (V. 10) weg und hält nur den ersten (V. 9) für ursprünglich, sieht die Sache völlig anders aus[26]. Der Text lautet dann: »Ruft ein Fasten aus und laßt Nabot an der Spitze des Volkes sitzen!« Mit diesem Wortlaut ist der Brief unverfänglich, ja es sieht so aus, als sollte Nabot hoch geehrt werden. Doch ist für Isebel damit die Möglichkeit gegeben, zwei bezahlte Männer hinzuschicken, die gegen Nabot eine falsche Anschuldigung erheben. Aufgrund dieser Anschuldigung wird er dann gesteinigt. Von daher hätten die Ältesten in gutem Glauben gehandelt. Spätere Abschreiber oder Bearbeiter des Textes fanden den Brief jedoch zu unklar und ergänzten ihn um einen zweiten Satz, dessen Inhalt sie dem weiteren Ablauf der Ereignisse entnahmen[27].

25 1Kön 21,9–10.
26 *H. Greßmann*, Geschichtsschreibung, 272.
27 Derselbe Vorgang hat sich offenbar auch in 2Sam 11 abgespielt, wo der Brief, den David Uria mitgibt, einen klaren Mordbefehl enthält (V. 15). Hält man auch dort nur den ersten Teil des Textes für ursprünglich: »Stelle Uria voran, wo der Kampf am heftigsten ist!«, so kann das eine Art Probe für eine besondere Auszeichnung oder ein Mordbefehl sein. *H.J. Stoebe*, David und Uria, 395 hat ganz recht, daß David niemals so dumm gewesen sein kann, Uria einen klaren Mordbefehl mitzu-

Wie die Ereignisse nun auch abgelaufen sein mögen – uns geht es um das Bild, das uns die Erzählung von Isebel bietet. Dabei müssen wir beachten, daß sie von Isebels Feinden gestaltet worden ist. Denn die Geschichte geht nach Nabots Tod so weiter: Als die Königin ihrem Mann den Tod Nabots gemeldet hat, geht dieser hin, um den Weinberg in Besitz zu nehmen. Dort tritt ihm der Prophet Elijahu entgegen und sagt: »An dem Ort, wo die Hunde das Blut Nabots geleckt haben, da werden die Hunde auch dein Blut lecken, auch deines.« Und der König antwortet: »Hast du mich gefunden, mein Feind?« Darauf Elijahu: »Ich habe dich gefunden.«[28]

Es sind also die Feinde Ahabs und Isebels aus dem Kreis um den Propheten Elijahu, die hinter der Erzählung stehen und das Bild Isebels gestaltet haben. Dennoch erscheint sie auch in deren Augen als eine herrscherliche Frau, als eine Königin mit starkem Willen und ohne Skrupel, die auch über Leichen geht.

Wir werden sehen, wie ihr Bild sich gestaltet, wenn wir die zweite Quelle kennengelernt haben, in der von ihr die Rede ist.

e) Der Militärputsch Jehus (2Kön 9–10)

In 2Kön 9–10 liegt eine Großerzählung vor, die nicht aus einer Prophetenschule, sondern aus Hofkreisen stammt[29]. Sie ist den Ereignissen näher als die Geschichte von Nabots Weinberg, hat aber allerlei Ergänzungen erfahren[30]. In ihr

---

geben. Er folgert daraus, daß die Geschichte mit dem Brief unhistorisch sei. Nimmt man aber nur den zweideutigen Teil des Briefs als ursprünglich an, so kann der Brief nicht nur historisch sein, sondern auch die ganze folgende Erzählung, in welcher der Feldhauptmann Joab nach Urias Tod herauszubekommen versucht, was David nun eigentlich mit seinem Brief gemeint habe, wird überhaupt erst verständlich. Auch hier wurde der zweite Teil des Brieftextes offensichtlich aus den Ereignissen nach rückwärts erschlossen (*H. Greßmann*, Geschichtsschreibung, 155.272). Ob hier derselbe Bearbeiter am Werk war, der Isebels Brief ergänzte?

28   1Kön 21,19–20a.
29   *O.H. Steck*, Überlieferung, 66, Anm. 1; vgl. auch *R. Albertz*, Religionsgeschichte I, 242, bes. Anm. 67.
30   Als Ergänzungen gelten vor allem 2Kön 9,7–10a.25–26.36b–37; 10,28–31; umstritten sind zudem noch einige andere Verse.

kommt Isebel an drei Stellen vor: (1) als Jehu dem König begründet, warum er ihn erschießen wird, (2) in dem Bericht von ihrem Tod und (3) dort, wo sie als Königinmutter erwähnt wird[31]. Die erste Stelle lautet:

»Und es geschah: Als Joram Jehu sah, sprach er: ›Steht es gut, Jehu?‹ Der sprach: ›Was soll das heißen: 'Steht es gut?', solange die Hurerei deiner Mutter Isebel und ihre vielen Zauberkünste andauern?‹«[32]

Welche Vorwürfe werden der Königinmutter hier gemacht? Darüber gibt es unter den Auslegern sehr viele unterschiedliche Meinungen. Weitgehend einig ist man sich darüber, daß mit $z^e nûnîm$ (»Hurerei«) nicht im wörtlichen Sinne »Ehebruch« gemeint ist. Wenn das Wort jedoch in übertragener Bedeutung steht, was soll es dann heißen?
In der Sprache des Propheten Hosea kommt $z^e nûnîm$ in der Bedeutung »Götzendienst« vor, d.h. für die Verehrung anderer Götter als Jahwe[33]. Dazu sagen die Ausleger, daß wir diese Bedeutung nicht in der Zeit Isebels, also ca. 100 Jahre vor Hosea, ansetzen dürfen, und folgern daraus, daß der Ausspruch im Mund Jehus unmöglich sei[34]. Also gehöre er zu einer Überarbeitung der Geschichte, die überhaupt erst die religiöse Problemstellung eingetragen habe: zu einer prophetischen Bearbeitung oder – damit zusammenhängend – zur deuteronomistischen Schule der Exilszeit. Ursprünglich sei der Bericht vom Militärputsch Jehus also rein profan abgefaßt und erst später religiös überhöht worden. Diese

---

31 2Kön 9,22.30–36a; 10,13.
32 2Kön 9,22.
33 Hos 4,12; 5,4.
34 Z.B. *E. Würthwein*, 1. Könige 17 – 2. Könige 25, 333. Wenn er den Ausspruch Jehus jedoch als sprachlich spät der deuteronomistischen Redaktion zuschreiben will, so übersieht er, daß dieser keinerlei typische Spracheigentümlichkeiten dieser Schule bietet. Im Gegenteil: Die beiden Schlüsselwörter $k^e šapîm$ und $z^e nûnîm$ finden sich gerade nicht in der deuteronomistischen Literatur. Wenn Würthwein weiterhin behauptet, $k^e šapîm$ und der Stamm $kšp$ kämen in der vorexilischen Sprache nicht vor, so hat er übersehen, daß das Verb $kšp$ pi. im Bundesbuch (Ex 22,17) und, von dort übernommen, auch in Dtn 18,10 erscheint, der Stamm also in der vorexilischen Sprache bekannt ist. *J. Montgomery*, Kings, 401f verneint den Gebrauch von $z^e nûnîm$ als »Götzendienst« vor Hosea, während *M. Rehm*, 2. Könige, 99f ein älteres Vorkommen für möglich hält.

Erklärung wäre überzeugend, wenn sie die einzige Möglichkeit darstellte, das Wort »Hurerei« zu erklären.
Doch nimmt John Gray eine andere Bedeutung an, wenn er schreibt, $z^e nûnîm$ beziehe sich auf »die rituelle Prostitution als einen Ritus der nachahmenden Magie im Fruchtbarkeitskult des kanaanäischen Ba'al.«[35] Meines Erachtens ist hier der Begriff »Prostitution« unangebracht. Es geht vielmehr um jene Formen des Kultes an den großen Festen, in denen durch die real vollzogene, aber magisch-symbolisch gemeinte Vereinigung etwa des Königs mit der Priesterin (oder anderer Personen) die Fruchtbarkeit des Landes herbeigeführt oder verstärkt werden sollte. Wenn wir zugleich bedenken, daß nach Angabe des Josephus Isebels Vater, der König Ittoba'al von Tyrus, Priester der Astarte war[36] und daß die Stelle der Oberpriesterin im Alten Orient weithin den Königstöchtern vorbehalten war[37], so ist die Schlußfolgerung erlaubt, daß Isebel selbst Priesterin war, vermutlich des Ba'al Melkart von Tyrus. Dann hätte sie an den großen Festen die »heilige Hochzeit« mit dem König vollzogen. Dabei galt der König als der Stellvertreter des Gottes und die Priesterin als Stellvertreterin der Göttin, in diesem Fall vermutlich der Astarte als Throngenossin des Melkart[38].
War Isebel aber Priesterin, war sie auch in die Geheimnisse der Magie und der Mantik eingeweiht, die Jehu in 2Kön 9,22 als ihre »Zauberkünste« benannte.
Belassen wir also den Ausspruch Jehus als Bestandteil der ursprünglichen Erzählung, so entsteht vor unseren Augen ein Bild Isebels, das sonst in der Überlieferung nicht erhalten ist. Sie tritt uns als die Hohepriesterin des tyrischen Kultes entgegen. Das war für die Jahwetreuen in Israel Grund genug, sie zu bekämpfen und nach ihrem Tod ihr Bild zu entstellen. Dennoch bleibt sie die stolze, würdevolle Frau, wenn wir die zweite Erwähnung in der Großerzählung 2Kön 9–10 bedenken, die Erzählung von ihrem Tod.

---

35 *J. Gray*, Kings, 547; vgl. *O.H.Steck*, Überlieferung, 35, Anm. 1.
36 *F. Josephus*, Apionem 1,18; vgl. *E. Würthwein*, 1. Könige 1–16, 202f.
37 Die berühmteste war Enheduanna, die Tochter König Sargons von Akkad; vgl. *R. Harris*, Women, 145–156; ferner *I. Seibert*, Frau, 39. 52.54; *T. Frymer-Kensky*, Wake, 12.64f.
38 Zur »heiligen Hochzeit« siehe oben S. 68.

f) Isebels Ende (2Kön 9,30–36a)

»Dann zog Jehu nach Jesreel. Als Isebel es hörte, legte sie Schminke auf ihre Augen, schmückte ihr Haupt und schaute durch das Fenster herab. Als Jehu in das Tor trat, rief sie: ›Steht es gut, Simri, Mörder seines Herrn?‹ Da wandte er sein Antlitz zu dem Fenster hinauf und rief: ›Wer ist mit mir, wer?‹ Als zwei, drei Hofbeamte zu ihm hinabschauten, sprach er: ›Werft sie herunter!‹ Da warfen sie sie herunter, daß ihr Blut die Mauer und die Pferde besprützte, und diese zertraten sie. Dann ging er hinein, aß und trank. Darauf sprach er: ›Kümmert euch doch um diese Verfluchte und begrabt sie, denn sie ist eine Königstochter!‹ Als sie hingingen, um sie zu begraben, fanden sie von ihr nur den Schädel, die Füße und die Hände. Und sie kamen zurück und sagten es Jehu an.«[39]

Der geschilderte Vorgang ist schrecklich, ja grausig. Besonders beeindruckt der Kontrast zwischen der sorgfältig als Königin gekleideten und geschmückten Isebel und den Resten, die nachher von ihr gefunden werden. Gegen einen Empörer wie Jehu nutzt es ihr nichts, daß sie in ihrem Auftreten die Würde einer Königin herauskehrt, ebensowenig die Ironie, mit der sie ihn als Simri, den Königsmörder, anredet und ihm denselben »Frieden« (*šalom*) wünscht, wie ihn jener hatte. Simri war durch einen Putsch an die Macht gekommen und brachte sich sieben Tage später, als der Gegenputsch Erfolg hatte, um[40]. Dasselbe wünscht Isebel Jehu.

g) Zusammenfassung

Was Isebel betrifft, so möchte ich zusammenfassend sagen: Gerade die Schilderung ihrer Ermordung zeigt, was für eine stolze und großartige Frau sie gewesen ist. Sie tritt Jehu »gefaßt und würdevoll«[41] entgegen, obwohl sie nach der Ermordung ihres Sohnes und angesichts der Tatsache, daß das Heer meutert, weiß, daß sie sich in einer aussichtslosen Lage befindet. Sie hat früher ihren Willen stets durchzusetzen vermocht, neben ihrem Mann Ahab und als Gebira neben ihren Söhnen Ahazja und Joram. Die nach ihrer Heimat Tyrus hin orientierte Politik und speziell die dementsprechende Religionspolitik hat sie bei den nationalistischen Kreisen Israels verhaßt gemacht, so daß man ihr alles Böse

---

39 2Kön 9,30–36a (Übersetzung nach E. Würthwein).
40 1Kön 16,9–11.15–18.
41 *E. Würthwein*, 1. Könige 17 – 2. Könige 25, 334.

nachsagte, auch die Schuld am Tod Nabots. Es mag schon sein, daß sie skrupellos war und bereit, über Leichen zu gehen. Doch die 24 Stunden Zeit zur Flucht, die sie Elijahu gewährt, dürfen auch nicht vergessen werden. Sie hat durch die Einführung des tyrischen Ba'al Melkart in Samaria indirekt und ungewollt dazu beigetragen, daß sich der Jahweglaube zu einem neuen Selbstverständnis durchgerungen hat, jedenfalls in bestimmten prophetischen Kreisen, daß er sich seiner Besonderheit gegenüber dem kanaanäischen Kult bewußt wurde. Insofern ist Isebel nicht nur eine bedeutende Frau, sondern auch eine Schlüsselfigur in der Religionsgeschichte Israels.

4. Atalja (2Kön 11)

a) Ataljas Verwandtschaft

Man kann bekanntlich durch Schweigen ›töten‹, einen Menschen zur Unperson machen. Bei Isebel haben ihre Gegner es nicht geschafft. Sie war stärker als der Rufmord und das Totschweigen. Bei ihrer Tochter Atalja ist es jedoch nahezu gelungen.
Wenn ich sage: »Bei ihrer Tochter«, dann habe ich bereits eine Entscheidung getroffen. Denn wir haben eine widersprüchliche Überlieferung vor uns: War Atalja die Tochter Omris, also König Ahabs Schwester, oder war sie Ahabs Tochter, also wohl auch die Tochter Isebels? Nach 2Kön 8, 16–18 hatte König Joram von Juda eine Tochter Ahabs zur Frau. Obwohl ihr Name nicht genannt wird, kann es sich nur um Atalja handeln. Nach 2Kön 8,25–26 wiederum war Atalja die Tochter Omris, also Ahabs Schwester[42]. In jedem Fall gehört sie zur Königsfamilie des Nordreichs.

---

42 Für Omris Tochter und Ahabs Schwester halten sie *W. Thiel*, Art. Atalja, 511f; *E. Würthwein*, 1. Könige 17 – 2. Könige 25, 323; *R. Albertz*, Religionsgeschichte I, 230. Hingegen nennt Würtwein sie in *ders.*, 1. Könige 1–16, 202 Ahabs Tochter. Für *S. Herrmann*, Geschichte Israels, 278, Anm. 8; *A.H.J. Gunneweg*, Geschichte Israels, 109 ist sie ebenfalls Ahabs Tochter, während *H. Donner*, Geschichte 2, 252 diese Frage offenläßt. In den Kommentaren von *J. Montgomery* (418), *J. Gray* (565) und *M. Rehm* (115) wird sie als Tochter Ahabs geführt mit der Erklärung, daß *bat* »Tochter« und auch »Enkelin« heißen könne.

b) Juda und Israel um die Mitte des 9. Jh.s v.Chr.

Während in den Jahrzehnten nach dem Auseinanderbrechen von Israel und Juda (um 930 v.Chr.) zwischen beiden Staaten eine heftige Feindschaft vorherrschte, die sich bis zum Krieg steigern konnte, finden wir seit Omris Machtübernahme ein ausgesprochen freundschaftliches Verhältnis zwischen den beiden Königshäusern vor, besonders zwischen Ahab und Josaphat. Als Zeichen dieser Aussöhnung gibt Ahab dem Sohn Josaphats, Joram, seine Tochter (oder Schwester?) Atalja zur Frau. Ihre Kinder sind also ›gesamtisraelitische‹ Kinder. Wenn Ataljas Sohn Aḥazja – gerade eben in Jerusalem König geworden – seinen Onkel, den verwundeten König Joram von Israel, in Jesreel besucht, so ist auch das Ausdruck einer engen familiären Verbundenheit[43].

In 2Chr 21,1–7 finden wir eine interessante Nachricht über König Joram von Juda, Ataljas Mann: Er habe sechs seiner Brüder umgebracht, zudem einige von den Fürsten Judas[44]. Vorher wird erwähnt, Jorams Vater Josaphat habe jedem seiner Söhne Schätze und feste Städte hinterlassen. Dadurch entsteht der Eindruck, Joram hätte seine Brüder aus Habgier getötet. Doch warum auch Fürsten von Juda? Sollte es sich um eine politische Auseinandersetzung gehandelt haben oder um eine politische mit religionspolitischem Einschlag?[45] Angesichts dieser Angaben scheint mir die Vermutung nahezuliegen, daß es damals zwischen Juda und Israel nicht nur

---

43 Daß in beiden Königsfamilien in dieser Zeit dieselben Namen auftauchen, hängt sicher mit dieser Freundschaft zusammen, macht uns aber das Leben sehr schwer. Denn von 850–845 v.Chr. heißen in beiden Ländern die Könige Joram, wobei der in Israel Nachfolger seines früh verstorbenen Bruders Aḥazja ist, während Joram von Juda seinen Sohn Aḥazja genannt hat.
44 *J. Gray*, Kings, 565: »Jehoram silenced the opposition for the moment with the execution of his own brothers and sundry other notables of Judah.«
45 Die Nachricht in 2Kön 11,18, daß es in Ataljas Zeit in Jerusalem einen Baʿaltempel und einen Priester Mattan an diesem Tempel gab, wird weithin für unhistorisch gehalten. Dennoch wäre es möglich, daß Atalja, dem Vorbild ihrer Mutter folgend, einen solchen Tempel erbauen ließ. Der Name Mattan begegnet auf punischen und phönizischen Inschriften. Also könnte Mattan ein Phönizier gewesen sein. Doch auch in Jerusalem ist der Name in der Zeit Jeremias heimisch (Jer 38,1); vgl. *M. Rehm*, 2. Könige, 119.

eine religionspolitische Angleichung, sondern auch Bestrebungen zur Wiedervereinigung gab. Wer jedoch sollte auf den Thron verzichten, die Omriden oder die Davididen? Ob man, um dieses Problem zu lösen, damals bewußt gesamtisraelitische Königskinder gezeugt und geboren hat? Daß sich gerade in Juda ein starker Widerstand gegen solche politischen Tendenzen regte, ist nicht weiter verwunderlich. Das kleine Juda fühlte sich in seiner Eigenständigkeit von dem größeren und reicheren Nordreich bedroht oder vereinnahmt. Ob Joram deswegen seine Brüder und einige Fürsten töten ließ, weil er anders der Opposition nicht Herr zu werden glaubte?

c) Der Mord an den Königskindern

Doch nicht nur die Brüder Jorams kommen auf so schreckliche Weise um, auch seine Söhne und andere Prinzen des Davidhauses werden, von einer Ausnahme abgesehen, ermordet. Darüber gibt es drei Berichte:
– Nach 2Kön 9,27; 10,12–14 war es Jehu, der nicht nur Aḥazja, den König von Juda, sondern auch dessen Brüder umbringen ließ.
– Nach 2Chr 21,16–19 kamen die Philister, von Jahwe aufgestachelt, nach Jerusalem und töteten alle Söhne Jorams, außer Aḥazja.
– 2Kön 11,1–3 berichtet, daß Atalja nach dem Tod Aḥazjas alle männlichen Nachkommen des Königshauses, also wohl Aḥazjas Söhne und Brüder und deren Söhne umbringen läßt. Nur einer bleibt am Leben: Joaš, weil ihn seine Tante Jošeba rettet. Er ist Aḥazjas Sohn, also Ataljas Enkel.
Von diesen drei Varianten halte ich die dritte für die wahrscheinlichste, weil die folgende Geschichte auf ihr beruht, während sich z.B. die Jehu-Variante folgenlos streichen ließe. Doch können wir auch mit der Möglichkeit rechnen, daß nicht auf eine Weise, sondern auf zwei oder drei die Prinzen des judäischen Königshauses bis auf Joaš ums Leben kamen.

d) Ataljas politische Ziele

Wie kam Atalja dazu, ihre eigenen Nachkommen und die Kinder von etwaigen anderen Frauen ihres Mannes allesamt umzubringen? War sie aus Schmerz über den Tod Aḥazjas

verrückt geworden? Das wäre plausibel. Doch wie konnte sie dann sechs Jahre lang das Land regieren? Gibt es einen denkbaren vernünftigen Grund für ihr Verhalten? Machen wir uns klar, daß durch den Militärputsch Jehus das Haus Omris im Norden ausgerottet ist. Dort hat die nationalistische Politik gesiegt, während für die Wiedervereinigungspolitik wichtige Menschen nicht mehr am Leben sind. Damit sieht Atalja, daß auch für die Nationalisten im Süden, die sich der Wiedervereinigungspolitik widersetzen, die Chancen gestiegen sind. Deren Herzen hängen an der Daviddynastie. Indem sie die Davididen vernichtet, entzieht sie jener Partei die Grundlage. Nach dem Tod der Omriden und Davididen ist sie die alleinige Herrschaftsberechtigte in beiden Ländern. Sie kann jetzt auf den Sturz Jehus hinarbeiten. Für den Fall, daß sie nicht wieder heiraten und Kinder haben kann, bliebe immer noch der Anschluß Palästinas an Tyrus übrig. So etwa könnte ich mir Ataljas Pläne und Berechnungen vorstellen, was vor allem dann einige Wahrscheinlichkeit hat, wenn Atalja die Tochter Isebels und also Nachkomme des tyrischen Königshauses war. Doch auch als Schwägerin Isebels mag sie von deren Persönlichkeit und der Kultur von Tyrus so fasziniert gewesen sein, daß sie Juda und Israel dem Reich von Tyrus anschließen wollte.
In der Literatur heißt es, daß Atalja während der sechs Jahre ihres Königtums »mit harter Hand«, »tyrannisch« regiert habe[46]. Davon steht nichts im Alten Testament. Wir können ebensogut annehmen, daß sie eine gute Königin war und für ihre Stadt Jerusalem viel getan hat. Ihre Gegner scheinen der Landadel und die Bauern gewesen zu sein. Zwei Fehler waren in ihrer Rechnung: Jehu wurde nicht wie einst Simri nach kurzer Zeit gestürzt, sondern konnte 28 Jahre lang regieren. Und ihr Befehl, alle Königssöhne zu töten, wurde nur unvollkommen ausgeführt. So hatte die nationalistische Partei doch noch einen Davididen als Grund ihrer Hoffnung. Das machte sie stark gegen Atalja und führte zu ihrer Ermordung. Kein Wunder, daß der Priester Jojada an der Spitze der Verschwörung stand[47].

---

46 Je nach der Berechnung der Königschronologie hat sie ca. 845–839 oder 842–836 regiert.
47 *C. Levin* hat in seiner Monographie über Atalja bestritten, daß Jojada Priester war, wie er jede religiöse Komponente aus der ursprüng-

Die deuteronomistischen Redaktoren der Königsbücher haben bei ihrer Aufzählung der Könige Judas Atalja einfach nicht mitgezählt. Sie geben ihr weder den Titel Königin noch Königinmutter und verschweigen die Daten ihrer Regierungszeit. Das halte ich für ein Unrecht an dieser Frau, die nicht besser und nicht schlechter gewesen zu sein braucht als viele Männer, die vor oder nach ihr auf dem Thron in Jerusalem saßen.

5. Wašti und Ester (Das Buch Ester)

a) Wašti oder: Die Würde einer Frau (Est 1,10–22)

Die Geschichte von Königin Wašti ist fast unbekannt. Das ist schade, denn sie handelt von einer Frau, die ihre Würde zu wahren versucht, sich nicht demütigen läßt und dadurch den Männern Schrecken einjagt. Das führt zu ihrem Sturz und zur Unterdrückung aller Frauen in Persien. Die Ge-

lichen Erzählung streicht. Er begründet dies unter anderem mit den Schwierigkeiten, die der Text sowohl in seinem Wortlaut als auch sachlich bietet (Sturz, 23ff.89 und passim). Ich gehe hier nur auf das letztere ein. In 2Kön 11,3 heißt es: »... und er blieb mit ihr [d.h. mit Jošeba] sechs Jahre lang verborgen im Haus Jahwes.« Schon die Verfasser der Chronikbücher haben Jošeba zur Frau des Priesters Jojada gemacht (2Chr 22,1), was die Septuaginta ebenso für 2Kön 11,3 angemessen fand. Auch die Zürcher Bibel hat sich dem angeschlossen, desgleichen *M. Rehm*, 2. Könige, 115. Wäre das jedoch die Meinung des Erzählers gewesen, so hätte er dies bei der Vorstellung Jošebas erwähnt. Was aber sollte die Frau sechs Jahre lang im Tempel, wenn sie nicht die Frau des Priesters war? Lebte sie andererseits als Prinzessin im Königspalast, so war es ein übergroßes Risiko, den kleinen Prinzen dort vor seiner Großmutter über Jahre hinweg verbergen zu wollen. Es gibt eine ganz einfache Lösung: Jošeba war eine Qadeše und lebte als solche im Tempelbereich. Daß eine solche Angabe, wenn sie im Text stand, ›verlorenging‹, sollte uns nicht weiter wundern. Ich sehe also nicht den geringsten Grund dafür, Jojada das Priestertum abzusprechen, und halte es nicht für sinnvoll, ursprünglich rein profane Texte rekonstruieren zu wollen. Es hat Bearbeitungen gegeben, auch stark theologisierende Bearbeitungen wie die der deuteronomistischen Schule der Exilszeit. Diese erkennt man an ihrer eigentümlichen Sprache und charakteristischen Denkweise. Doch wo solche Merkmale fehlen, darf nur mit sehr großer Vorsicht von (deuteronomistischer) Bearbeitung gesprochen werden. Das ist gegen Levin und Würthwein zu sagen.

schichte von Wašti und Ester spielt im Perserreich unter König Ahašveroš, der im 5. Jh. v.Chr. lebte[48]. Gestaltet und niedergeschrieben wurde die Erzählung jedoch wohl erst im 3./2. Jh. v.Chr. In ihrem ersten Teil wird von dem großen Fest erzählt, das Ahašveroš seinen Beamten und seinem Volk gibt. Als er sich beim Gelage vollgetrunken hat, befiehlt er, daß die Königin Wašti im vollen Ornat zu erscheinen habe. Er will mit seiner schönen Frau angeben, sie den Blicken der Betrunkenen aussetzen. Die Königin will sich nicht zum Gegenstand seiner Prahlerei erniedrigen lassen und weigert sich zu kommen. Der König beruft daraufhin seinen engsten Thronrat ein und befragt die sieben Fürsten, was angesichts dieser Weigerung zu tun sei. Ihr Sprecher Memukan sagt:

»Nicht gegen den König allein hat sich Wašti, die Königin, vergangen, sondern gegen alle Fürsten und alle Völker in den Städten des Königreichs. Wenn alle Frauen erfahren, was die Königin getan hat, werden sie die Achtung vor ihren Herren verlieren; sie werden sagen: ›König Ahašveroš befahl, die Königin Wašti vor ihn zu bringen, aber sie kam nicht‹. Gleich heute noch werden die Fürstinnen der Perser und Meder, welche die Sache mit der Königin erfahren haben, so zu ihren Männern sprechen, und das Ergebnis wird Verachtung und Verdruß sein.«[49]

Um einer solch schrecklichen Entwicklung vorzubeugen, wird dem König empfohlen, Wašti zu verstoßen und sich eine andere Frau zu suchen. Wenn dies im Land bekannt wird, dann »werden alle Frauen ihren Herren die gebührende Achtung erweisen, von den Reichen bis zu den Armen.«[50]
So schlecht war es also damals um die Autorität der Männer bestellt, daß ein einziger kleiner Verstoß an der Spitze oben das ganze Kartenhaus ins Wanken bringen konnte. Oder sollte diese Argumentation im Kronrat ein Vorwand sein, weil man Wašti aus anderen Gründen stürzen wollte? Sollte sie den König vor der Korruption seiner Fürsten gewarnt haben? Oder hatten die Fürsten bemerkt, daß der charakterschwache und leicht beeinflußbare König an seiner

---

48 In der Septuaginta heißt er Artaxerxes, historisch handelt es sich um Xerxes I.
49 Est 1,16–18.
50 Est 1,20.

Frau einen festen Halt hatte, der ihren Plänen im Weg stand? Daß sie sofort eine andere Frau vorschlagen, als der König Wašti vermißt und die Gefahr besteht, daß er sie zurückholt, spricht für diese Vermutung[51]. Auf jeden Fall aber handelt der Text von der Angst der Männer vor der Emanzipation der Frauen.

b) Ester oder: Wie beherrsche ich einen König? (Est 2–10)

Daß König Ahašveroš sich durch die Verstoßung von Wašti und die Suche nach einer neuen Gemahlin eine schlimmere Tyrannei einhandelt, als es die »Emanzipation« Waštis je hätte werden können, zeigt sich am Fortgang der Geschichte. Ich stelle mir Wašti selbstbewußt und etwas schroff vor. Sie gebraucht keine Ausrede, sie weigert sich schlicht, vor den König zu treten. Ester wird sich nie weigern, aber sie wird den König mit weiblicher List an der Nase herumführen. Doch das will uns der Erzähler nicht sagen. Er läßt keine Sympathie für Wašti erkennen, um so mehr aber für Ester angesichts ihrer Schönheit, Klugheit und Tapferkeit. Daß es Ester gelingt, die Frau des Königs zu werden, heißt für ihn, daß die richtige Frau an die richtige Stelle kommt, denn sie rettet ihr Volk, die Juden, vor der Vernichtung. Durch sie wird Mordokai, ihr Onkel, der zweite Mann im Königreich. Er »stand in hohem Ansehen bei den Juden und war beliebt bei der Menge seiner Volksgenossen, da er das Heil seines Volkes suchte und für sein ganzes Geschlecht zum Besten redete.«[52] Mit diesen Worten schließt das Buch Ester. Also nicht das Heil der Stadt, in der die Juden leben, nicht das Wohl des Reiches wird erstrebt, sondern einzig die Wohlfahrt der Juden. Wie es dabei zugeht, erfahren wir in der Erzählung: Nachdem Haman die Juden hat umbringen wollen und Ester den König dazu gebracht hat, diesen Befehl umzukehren und den Juden die Erlaubnis zur Rache an ihren Feinden zu geben, heißt es:

»An jenem Tag gelangte die Meldung von der Zahl derer, die in der Akropolis von Susa getötet worden waren, vor den König. Und es sprach der König zu der Königin Ester: ›In der Akropolis von Susa haben die

---

51 Est 2,1–2.
52 Est 10,3.

Frauen auf und neben dem Königsthron (3. Teil)

Juden 500 Menschen und die zehn Söhne Hamans getötet und umgebracht. In den übrigen Provinzen des Königs – was mögen sie da getan haben? Doch was ist deine Bitte, daß sie dir gewährt werde? Und was ist weiter dein Begehren, daß es erfüllt werde?‹ Da sprach Ester: ›Wenn es dem König recht ist, dann möge auch noch morgen den Juden erlaubt sein, genau so wie heute zu verfahren ...‹«[53]

Der König gibt nach, so daß die Juden in Susa nochmals 300 Menschen umbringen können. Gegen Waštis Weigerung, sich zur Schau stellen zu lassen, hatte der König seine Macht eingesetzt, sie zu verstoßen; gegen Ester ist er so machtlos, daß er nicht einmal seine Untertanen davor bewahren kann, abgeschlachtet zu werden.

---

53 Est 9,11–13.

Schlußwort

Ich habe mir lange überlegt, ob Ester überhaupt in dieses Buch hineingehört. Die allermeisten Frauen, die wir kennengelernt haben, sind in den Überlieferungen der Stämme Israels oder in den Königsgeschichten Israels und Judas so verankert, daß wir annehmen können, es habe sie wirklich einmal gegeben. Durch das Erzählen wurde ihre Geschichte ausgestaltet, verändert und gedeutet. Ein Urgrund des Berichteten ist jedoch anzunehmen. Deshalb werden die Leser dieses Buches eine Gestalt wie z.B. Eva vergebens gesucht haben. Sie ist eine rein fiktive Frau, ein Symbol, ist »die« Frau, nicht eine Frau, die einmal gelebt hat. Bei Ester werde ich den Verdacht nicht los, daß sie ebenfalls eine ›Erfindung‹ ist.
Wenn sie dennoch in der Reihe der Frauengestalten an uns vorüberzog, so um Waštis willen – oder genauer gesagt: um des Gegenübers Mann – Frau bei diesen beiden Personen willen. Wašti ist die Frau, die »nein« sagen kann und um ihrer Würde als Frau willen ihre Stellung als Königin riskiert. Ester sagt niemals Nein. Doch sie weiß ihre Schönheit so klug einzusetzen, daß sie beim König alles erreicht, was sie will. Welche Frau ist für einen Mann besser geeignet: Die Frau ihm gegenüber, mit ihrem eigenen Charakter und ihrer Selbständigkeit, oder die Frau, die sich ihm anpaßt, völlig auf ihn hin orientiert lebt und die ihn doch, wenn es ihr möglich ist, auf subtile Weise beherrscht?
Die matrilineare Familienstruktur gab den Frauen eine Sicherheit und Selbständigkeit den Männern gegenüber, die sie in der patrilinearen Familie verloren haben. Also waren sie zur Anpassung an den Mann, von dem sie in jeder Weise abhängig waren, und zu den heimlichen Formen der Machtausübung gezwungen. In der Neuzeit können wir nun eine gegenläufige Bewegung wahrnehmen. Die Erfindung der Maschine hat die geringere Körperkraft der Frau ausgeglichen. Finanzielle Not zwang viele Frauen in der Zeit der

Industrialisierung, schlecht bezahlte Arbeit in der Fabrik anzunehmen oder sich in den Laden zu stellen. Die Verbreitung der Volksschulbildung jedoch, sodann die Möglichkeit, auf weiterführende Schulen, ja schließlich auf die Universität zu gehen und am Ende auch in führende Positionen zu gelangen, hat der Frau ihr eigenes Geld, ihre wirtschaftliche Unabhängigkeit gegeben. Sie kann sich als Ledige, als Witwe, als Geschiedene oder als Alleinerziehende ihre Existenz aufbauen. In ihre Wohnung braucht sie nur den Mann einzulassen, den sie empfangen will.
Damit sind auf einer anderen Ebene manche Züge der matrilinearen Familienstruktur wiedergewonnen. Auch hat sich das Verhalten der Frauen in den letzten 100 Jahren verändert. Sie lernten, ihre Rechte wahrzunehmen, den Männern Vorgesetzte zu sein und in der Öffentlichkeit aufzutreten. Gewiß gibt es noch mancherlei Hemmungen bei Männern wie bei Frauen, diese Veränderungen zu akzeptieren. Die Männer sollten aber verstehen, daß dadurch nicht nur die Frauen gewinnen, sondern ebenso sie selbst, wenn die Frauen ihnen ein echtes Gegenüber sind, eine »rettende Hilfe«, um die Formulierung der Schöpfungsgeschichte (Gen 2,18) aufzugreifen.

Literatur

Albertz, Rainer, Religionsgeschichte Israels in alttestamentlicher Zeit, Bd. 1 (GAT 8/1), 1992
- Art. '*tr*, in: THAT II, 385f
Asmussen, Jens Peter, Bemerkungen zur sakralen Prostitution im Alten Testament, StTh 11 (1958), 167–192
Avigad, Naḥman, The Seal of Iezebel, IEJ 14 (1964), 274–276

Bachofen, Johann Jakob, Das Mutterrecht, 1861
Bebel, August, Die Frau und der Sozialismus (1874, ^{9}1891), hg. von *Monika Seifert*, 1974
Beer, Georg, Die soziale und religiöse Stellung der Frau im israelitischen Altertum, 1919
Beeston, A.F.L., One Flesh (Gen 2,24), VT 36 (1986), 115–117
Ben Barak, Zafrira, The Status and Right of the Gĕbîrâ, JBL 110 (1991), 23–34
Berlin, Adele, Characterisation in Biblical Narrative: David's Wives, JSOT 23 (1982), 69–85
- Women's Religion in Ancient Israel, in: *Barbara Lesco* (Hg.), Women's Earliest Records, 1989, 283–298
Bird, Phyllis A., The Place of the Women in the Israelite Cultus, in: Ancient Israelite Religion (Festschrift für Frank M. Cross), hg. von *Patrick D. Miller u.a.*, 1987, 397–419
Blum, Ruth / Blum, Erhard, Zippora und ihr *h^{a}tan dāmîm*, in: Die Hebräische Bibel und ihre zweifache Nachgeschichte (Festschrift für Rolf Rendtorff), hg. von *Erhard Blum u.a.*, 1990, 41–54
Brunner-Traut, Emma, Die Stellung der Frau im Alten Ägypten, Saec. 38 (1987), 312–335
Budde, Karl, Das Buch der Richter (KAT VII), 1897
- Die Bücher Samuel (KAT VIII), 1902
Burns, Rita J., Has the Lord indeed only spoken through Moses? A Study of the Biblical Portrait of Mirjam, 1987

Cassel, Paulus, Das Buch der Richter und Ruth, 1865
Cooper, J.S., Art. Heilige Hochzeit B, in: RLA IV, 259–269
Cross, Frank M., Canaanite Myth and Hebrew Epic, 1973
Crüsemann, Frank, »... er aber soll dein Herr sein«, in: *ders. / Hartwig Thyen*, Als Mann und Frau geschaffen, 1978
- Die Tora, 1993

Dillmann, August, Die Genesis (KEH I), 1875
Donner, Herbert, Geschichte des Volkes Israel und seiner Nachbarn in Grundzügen, Bd 2: Von der Königszeit bis zu Alexander dem Großen (GAT 4/2), 1985
Duhm, Bernhard, Das Buch Jesaja (HK III/I), 1892

Eißfeldt, Otto, Ba'alšamēm und Jahwe, ZAW 57 (1939), 1–31
– Bist du Elia, so bin ich Isebel (1. Kön. 19,2), in: Hebräische Wortforschung (Festschrift für W. Baumgartner), hg. von *Benedikt Hartmann u.a.*, 1967, 65–71
Ellermeier, Friedrich, Prophetie in Mari und Israel, 1968
Engelken, Karen, Frauen im Alten Israel, Eine begriffsgeschichtliche und sozialrechtliche Studie zur Stellung der Frau im Alten Testament, 1990
Engels, Friedrich, Der Ursprung der Familie, des Privateigentums und des Staates, (1884) [4]1978
Exum, J. Cheryl, »Mutter in Israel«, Eine vertraute Gestalt neu betrachtet, in: *Letty M. Russell* (Hg.), Befreien wir das Wort, Feministische Bibelauslegung, 1989

Fisher, Eugene J., Cultic Prostitution in the Ancient Near East?, BTB 6 (1976), 225–236
Fortes, Meyer, Kinship and the Social Order, 1969
Frymer-Kensky, Tikva, In the Wake of the Goddesses, 1992

Gerstenberger, Erhard, Herrschen oder Lieben. Zum Verhältnis der Geschlechter im Alten Testament, in: Die Botschaft und die Boten (Festschrift für H.W. Wolff), hg. von *Jörg Jeremias / Lothar Perlitt*, 1981, 335–347
– Jahwe – ein patriarchalischer Gott? Traditionelles Gottesbild und feministische Theologie, 1988
Gerstenberger, Erhard / Schrage, Wolfgang, Frau und Mann, 1980
Gesenius, Wilhelm, Hebräisches und aramäisches Handwörterbuch zum Alten Testament [17]1962
Göttner-Abendroth, Heide, Das Matriarchat, Geschichte seiner Erforschung, 1988
Goodnick-Westenholz, Joan, Qedeša and Sacred Prostitution in Mesopotamia, HThR 82 (1989), 245–265
Gray, John, Kings (OTL), 1963
Greßmann, Hugo, Die älteste Geschichtsschreibung und Prophetie Israels, [2]1921
Gunkel, Hermann, Genesis, [6]1964
Gunneweg, Antonius H.J., Geschichte Israels bis Bar Kochba, [4]1982

Halpern, Baruch, The political import of David's Marriages, JBL 99 (1980), 507–518
Harris, Rivka, Independent Women in Ancient Mesopotamia? in: *Barbara Lesko* (Hg.), Women's Earliest Records, 1989, 145–156

Hecke, Karl-Heinz, Juda und Israel, Untersuchungen zur Geschichte Israels in vor- und frühstaatlicher Zeit, 1985
Heister, Maria-Sybilla, Frauen in der biblischen Glaubensgeschichte, 1984
Henninger, Josef, Die Familie bei den heutigen Beduinen Arabiens und seiner Randgebiete (IAE 42), 1943
Herrmann, Siegfried, Geschichte Israels in alttestamentlicher Zeit, 1973
Hertzberg, Wilhelm, Die Bücher Josua, Richter, Ruth (ATD 9), ³1965
- Die Bücher Samuel (ATD 10), ³1968
Hölscher, Gustav, Geschichtsschreibung in Israel, 1952
Horst, Friedrich, Recht und Religion im Bereich des Alten Testaments, EvTh 16 (1956), 49–75
- Art. Ehe II. Im AT, in: RGG³ II, 316–318
- Art. Frau II. Im AT, in: RGG³ II, 1068f

James, Edwin Oliver, The Cult of the Mother Goddess. An Archeological and Documentary Study, 1959
Jeremias, Jörg, Der Prophet Hosea (ATD 24/1), 1983
Josephus, Flavius, Contra Apionem, ed. *Johann Georg Müller*, 1969
- Jüdische Altertümer, ed. *Heinrich Clementz*, ¹⁰1990

Kessler, Rainer, Die Frau als Gehilfin des Mannes? Gen 2,18 und 20 und das biblische Verständnis von »Hilfe«, DBAT 24 (1987), 120–126
Klostermann, August, Die Bücher Samuelis und der Könige (KK 3), 1887
Koenen, Klaus, Wer sieht wen? Zur Textgeschichte von Gen 16,13, VT 38 (1988), 468–474
Kühlewein, Johannes, Art. zônā, in: THAT I, 518–520

Lafitau, Joseph-François, Die Sitten der amerikanischen Wilden im Vergleich zu den Sitten der Frühzeit, hg. von *Helmut Reim*, 1983
Leipoldt, Johannes, Die Frau in der antiken Welt und im Urchristentum, ²1955
Leskow, Theodor, Ex 4,24–26: ein archaischer Bundesschlußritus, ZAW 105 (1993), 19–26
Levin, Christian, Der Sturz der Königin Athalja, 1982
Ljung, Inger, Silence or Suppression. Attitudes towards Women in the Old Testament, 1989

Mace, David R., Hebrew Marriage, 1953
Mc Lennan, John Fergusson, Studies in the Ancient History, 1886
Meillassoux, Claude, »Die wilden Früchte der Frau«, 1976 (französisch 1975)
Meyer, Eduard, Die Israeliten und ihre Nachbarstämme, 1906
Molin, Georg, Die Stellung der G^{e}bira im Staat Juda, ThZ 10 (1954), 161–175
Montgomery, James, The Book of Kings, 1951
Morgan, Henry L., Ancient Society, 1877

Morgenstern, Julius, Additional Notes on »Beena Marriage (Matriarchat) in Ancient Israel«, ZAW 8 (1931), 46–58
- Beena Marriage (Matriarchat) in Ancient Israel and its Historical Implications, ZAW 6 (1929), 91–110
- The »bloody Husband« once again?, HUCA 34 (1963), 35–70

Neu, Rainer, Patrilokalität und Patrilinearität in Israel, Zur ethnosoziologischen Kritik der These vom Matriarchat, BZ NF 34 (1990), 222–233
Noth, Martin, Geschichte Israels, ⁵1963
- Überlieferungsgeschichte des Pentateuch, 1948
- Das vierte Buch Mose (Numeri) (ATD 7), ⁴1982
- Das zweite Buch Mose (Exodus) (ATD 5), ⁴1968

Oden, R.A., Ba'al Šamēm und 'El, CBQ 39 (1977), 457–473
Olyan, Saul Mitchell, Asherah and the Cult of Yahweh in Israel, 1988
Otten, Heinrich, Das Hethiterreich, in: *Hartmut Schmökel* (Hg.), Kulturgeschichte des Alten Orients, 1961, 313–446

Patai, Rafael, The Hebrew Goddess, 1976
- Sitte und Sippe in Bibel und Orient, 1962
Peritz, Ismar J., Women in the Ancient Hebrew Cult, JBL 17 (1898), 111–148
Plautz, Werner, Monogamie und Polygamie im Alten Testament, ZAW 75 (1963), 3–27
- Zur Frage des Mutterrechts im Alten Testament, ZAW 74 (1962), 9–30

von Rad, Gerhard, Das erste Buch Mose. Genesis (ATD 2–4), ⁸1967
Rehm, Martin, Das zweite Buch der Könige, 1982
Renger, J., Art. Heilige Hochzeit A, in: RLA IV, 251–259
Reuß, Eduard, Die heilige Geschichte und das Gesetz, 1893
Richter, Hans Friedmann, Geschlechtlichkeit, Ehe und Familie im Alten Testament und seiner Umwelt, 1978
Robinson, Theodore H., Hosea/Micha (HAT I/14), 1914
Rost, Leonhard, Erwägungen zu Hosea 4,13f, in: *ders.*, Das Kleine Credo, 1965, 53–63
- Die Überlieferung von der Thronnachfolge Davids, in: ebd., 119–253
Rudolph, Wilhelm, Hosea (KAT XIII/1), 1966

Schelkle, Karl Hermann, Der Geist und die Braut, Frauen in der Bibel, 1977
Schmidt, Werner H., Exodus 1,1 – 6,30 (BKAT II/1), 1988
Schmidt, Wilhelm, Das Mutterrecht, 1955
Schottroff, Willy, Art. jd', in: THAT I, 682–701
Schulte, Hannelis, Beobachtungen zum Problem der *zônā* im Alten Testament, ZAW 104 (1992), 255–262

- Die Entstehung der Geschichtsschreibung im Alten Israel, 1972
- Richter 5: Das Deboralied. Versuch einer Deutung, in: Die Hebräische Bibel und ihre zweifache Nachgeschichte (Festschrift für Rolf Rendtorff), hg. von *Erhard Blum u.a.*, 1990, 177–191

Seibert, Ilse, Die Frau im Alten Orient, 1973
Sigrist, Christian, Regulierte Anarchie, Untersuchungen zum Fehlen und zur Entstehung politischer Herrschaft in segmentären Gesellschaften Afrikas, 1967
Smend, Rudolf, Lehrbuch der alttestamentlichen Religionsgeschichte, 1893
Smith, Henry P., The Books of Samuel (ICC), 1912
Smith, W. Robertson, Kinship and Marriage in Early Arabia, 1885
Soggin, J. Alberto, Judges. A Commentary, 1981
Speiser, Ephraim Avigdor, Genesis (AncB), 1964
Steck, Odil Hannes, Überlieferung und Zeitgeschichte in den Elia-Erzählungen, 1968
Stoebe, Hans Joachim, David und Uria, Bib. 67 (1986), 388–396
- David und Mikal, in: Von Ugarit nach Qumran (Festschrift für Otto Eißfeldt), 1958, 224–243
- Das erste Buch Samuelis (KAT VIII/1), 1973

Stolz, Fritz, Das erste und das zweite Buch Samuel (ZBK.AT 9), 1981

Thiel, Winfried, Art. Atalja, in: The Anchor Bible Dictionary 1, ed. by *David Noel Freedman*, 1992, 511f

Weiler, Gerda, Ich verwerfe im Lande die Kriege, Das verborgene Matriarchat im Alten Testament, 1984
- Das Matriarchat im Alten Israel, 1989

Weippert, Helga, Palästina in vorhellenistischer Zeit, in: Handbuch der Archäologie, Vorderasien II, Bd. 1, 1988
Wellhausen, Julius, Die Composition des Hexateuch, [4]1963
- Israel und jüdische Geschichte [3]1897
- Prolegomena zur Geschichte Israels, [4]1895
- Reste arabischen Heidentums, [2]1897

Wesel, Uwe, Der Mythus vom Matriarchat, 1980
Westermann, Claus, Genesis 1–11 (BKAT I/1), [3]1983
- Genesis 12–36 (BKAT I/2), [2]1989
- Genesis 37–50 (BKAT I/3), [2]1992

Wildberger, Hans, Jesaja 1–12 (BKAT X/1), [2]1980
Winter, Urs, Frau und Göttin, 1983
Wolff, Hans Walter, Dodekapropheton 1: Hosea (BKAT XIV/1), [4]1990
Würthwein, Ernst, Die Bücher der Könige. 1 Kön 17 – 2 Kön 25 (ATD 11/2), 1984
- Das erste Buch der Könige, Kapitel 1–16 (ATD 11/1), 1977

Zohary, Michael, Pflanzen der Bibel, 1983